Das Nest im Feigenbaum

Das Nest im Feigenbaum

Die frühe Gemeinde Jesu
in Kapernaum

Christa Möbius

Steinmann

*Unseren Töchtern Magdalena und Irene,
die mit vielen anderen in der Frauenarbeit und
in Kirchengemeinden die alten Worte der Bibel
neu zur Sprache bringen*

Erste Auflage

ISBN 978-3-927043-53-4
Covergestaltung: Elsa von Rahden, Kassel
Titelfoto: „Byzantine Mosaic of the Virgin",
fotolia © Vladimir Wrangel
Herstellung: BoD - Books on Demand, Norderstedt

www.steinmannverlag.de

Einleitung

In den Briefen des Apostels Paulus werden uns Gemeinden der frühen Christenheit anschaulich vor Augen gestellt. Sie leben in Rom, Korinth, Ephesus oder Philippi, also in Städten innerhalb des Römischen Reiches. Doch wir erfahren wenig von Gemeinden in jenem Teil des Imperiums, in dem die Gute Nachricht zuerst verkündet wurde und Menschen zum Glauben an Jesus kamen: im ländlichen Raum der damaligen Provinz Syrien.

Die Apostelgeschichte des Lukas entwirft ein Idealbild der Urgemeinde in Jerusalem. Sie berichtet von einer Witwen-Gemeinschaft in Joppe. Schon in seinem Evangelium hören wir von dem ‚Haus' der Schwestern Maria und Martha in Betanien, in dem Jesus einkehrt.

Was aber geschah in jener Frühzeit in den Dörfern Galiläas, durch die Jesus gewandert war, in Jericho oder in Kapernaum, ‚seiner' Stadt? Auch dort wird immerhin ein ‚Haus' erwähnt, das des Fischers Simon. Der wiederum gehört zusammen mit seinem Bruder Andreas zu den ersten Jüngern, die Jesus in seine Nachfolge ruft. Sie sind dann mit ihm als Verkündiger der Guten Nachricht vom kommenden Gottesreich unterwegs.

Ausgrabungen identifizieren dieses Haus mit einem Anwesen nahe am See Genezareth. Denn Einritzungen christlicher Inschriften an den Wänden weisen darauf hin, dass sich hier schon früh eine Hausgemeinde getroffen haben muss. Genau solche Hausgemeinden aber waren die Zellen aller christlichen Gemeinden.

In den drei synoptischen Evangelien – Matthäus, Markus und Lukas – werden uns nun Berichte davon überliefert, dass Jesus in Kapernaum Menschen geheilt hat. Sie waren alle durch ihre Geschichten bekannt bis in die Zeit, in der die Evangelien verfasst wurden. Es liegt nahe, in ihnen die zu sehen, die sich als frühe Anhänger Jesu in jenem ‚Haus des Simon Petrus' und in anderen Häusern in Kapernaum trafen.

Wenn ich mir das vorstelle, dann gehe ich aus von jener Erzählung, die sich genau in diesem Hauswesen abspielt: der Heilung der Schwiegermutter des Simon. Wenn Markus von ihr am Ende der Heilungsgeschichte schreibt: ‚Sie diente Jesus', dann bezeichnet er sie mit diesem Ausdruck als eine Jüngerin der ersten Stunde.

An ihrer Seite sehe ich die anderen Frauen, deren Heilungen im Evangelium des Markus berichtet werden: die Tochter des Synagogenvorstehers Jairus, die gekrümmte Frau, die Bluterin, aber auch Männer, wie einen Blinden und einen Gelähmten. Erstaunlicherweise werden mehrere der Frauen dargestellt ohne Bindungen an einen Ehemann oder an Kinder. Das passt zu der Infragestellung der herkömmlichen Familie durch Jesus, von der Markus im Zusammenhang mit der Predigt Jesu in einem Haus berichtet. Dabei bezeichnet er seine Hörerinnen und Hörer dort als seine neue Familie.

Könnte es sein, dass gerade diese im Evangelium erwähnten Frauen in jener Frühzeit der Gemeindebildung in einer Art familiärer Hausgemeinde gelebt haben? Womit bestritten sie dann ihren Lebensunterhalt? Wie sah ihr Lebensstil aus? In welcher Weise nahmen sie die Verkündigung Jesu auf? Wie war ihr Verhältnis zu den Jüngern?

Wenn ich solche Fragen stelle und sie in einer fiktiven Erzählung beantworte, möchte ich diese spannende Zeit der urchristlichen Anfänge sichtbar machen. Ich beziehe mich dabei auf die Forschung der sozial-kritischen Bibelwissenschaft, die sich für die Lebensumstände der Menschen im Ersten Jahrhundert unserer Zeitrechnung interessiert. Auch sie geht davon aus, dass es neben wandernden Verkündigern der Guten Nachricht eben jene sesshaften Sympathisanten in den Ortschaften in Galiläa und Judäa gab.

Ich lege meiner Erzählung vor allem das Evangelium nach Markus zugrunde sowie die Bergpredigt Jesu, wie sie beim Evangelisten Matthäus in den Kapiteln 5-7 überliefert ist. Einige der Gleichnisse stammen aus dem Lukasevangelium. Und in den Ostergeschichten des später verfassten Johannesevangeliums könnten sich sehr alte Überlieferungen von Erscheinungen des auferstandenen Jesus vor seinen Jüngern und Jüngerinnen erhalten haben.

Ich wünsche Freude beim Eintauchen in eine Welt, wie sie gewesen sein könnte.

Flensburg, im April 2013 Christa Möbius

Inhalt

1. Das Haus am See

Als er den Ort verlassen hatte, kamen sich die Frauen vor wie Nestlinge, die die Vogelmutter allein zurückgelassen hat. Die Söhne, die Männer und Brüder waren nun mit dem Rabbi auf dem Pilgerweg nach Jerusalem. Die Frauen, die inzwischen auch sonst mit dem Schülerkreis unterwegs gewesen waren, hatten sich angeschlossen. Doch für andere war klar: In diesem Jahr kam die Wallfahrt zum Passafest für sie nicht in Frage.

Der Abschied war allen schwer gefallen. Tränen waren geflossen, als sie sich im Hause von Simon und Andreas zur letzten gemeinsamen Mahlzeit getroffen hatten. Natürlich hatten sie den alten Wechselgesang angestimmt, mit dem die Festpilger sich von je her von den daheim Bleibenden verabschiedeten:

„Auf hebe ich meine Augen zu Judas Bergen:
Woher kommt meine Hilfe?
Vom Ewigen kommt sie,
dem Schöpfer von Himmel und Erde."

„Er wird deinen Fuß nicht ausgleiten lassen,
denn der dich behütet schläft nimmer."

So hatten es die Zurückbleibenden den Aufbrechenden zugesichert. Aber die Vorfreude auf die Wallfahrt zum Passahfest war verhaltener geblieben als in anderen Jahren. Auch Jesus, der sonst so fröhlich feiern konnte, war an jenem Abend stiller gewesen als sonst. Natürlich hatte auch er mitgesungen, wenn sie wieder eines der Aufbruchslieder anstimmten:

„Wie freute ich mich, als sie mir sagten:
Kommt, wir wandern zu Gottes Haus!"

Er nahm vom Brot, das Simon als Hausherr brach und austeilte, vom Fisch, den die Familie von Jakobus und Johannes beigesteuert hatte. Als der Weinbecher erhoben wurde, trank auch er allen zu. Aber immer wieder schien er in Gedanken zu versinken.

„Rabbuni", rief Andreas, „erzähl uns eine Geschichte! Wie wird es sein, wenn das Reich des Himmelskönigs endlich angebrochen ist?" Jesu Miene hellte sich auf, sein Blick umschloss liebevoll die ganze Tischgemeinschaft. „Wenn Gottes Reich sichtbar unter uns aufscheinen wird", antwortete er, „dann wird dieser Tisch unendlich lang sein. Dann sitzen an ihm nicht nur wir, die Kinder Abrahams und Saras. Nein, dann werden sie kommen – vom Osten und vom Westen, vom Norden und vom Süden. Es kommen die Gebrechlichen und die Gesunden, die Fröhlichen und die Traurigen, die Bettler und die Bauern. Sie alle miteinander werden essen und trinken und den Ewigen loben für seine große Güte zu seinen Menschenkindern."

„Preist den Ewigen, all ihr Völker!", stimmte Jakobus an, und die Tafelrunde nahm den Pilgergesang auf.

Das also war jener letzte Abend gewesen, den alle miteinander verbracht hatten, die sich in Kapernaum zu dem Rabbi hielten, der einst aus Nazareth in ihre Stadt gekommen war. Doch nun wanderten die einen durchs Jordantal auf das judäische Bergland zu. Die anderen waren zurückgekehrt zu ihrer Alltagsarbeit in den Hütten, auf den Feldern und am See.

Am schwersten fiel diese Arbeit denen, die die jungen Männer entbehren mussten, die nun mit dem Wanderlehrer durchs Land zogen. Zebedäus hatte in seinem Fischereibetrieb schon mehrere Gehilfen gehabt, ehe seine Söhne Jakobus und Johannes Boot und Netze verließen.

Er behalf sich nun mit zusätzlichen Tagelöhnern; mehr als genug Männer suchten ja ständig nach Arbeit. Schwieriger war es für Simons Frau und deren Mutter, ihren Lebensunterhalt zu bestreiten. Denn Simon und Andreas waren mit dem eigenen Boot auf den See gefahren. Das lag nun ans Ufer gezogen am Strand. So hatte Simons Ehefrau eine eigene Arbeit suchen müssen und sie ebenfalls bei Zebedäus gefunden. Sobald die

Fischer am Morgen mit ihrer Fracht anlandeten, begannen Frauen, die Fische auszunehmen, einzusalzen oder zum Trocknen aufzuhängen. Erst, wenn am Abend die Tische und Geräte gesäubert waren, kehrten sie todmüde in ihre Hütten zurück.

Simons Anwesen lag dicht am Ufer des Sees Genezareth. Drei kleine Räume umgaben den Innenhof, der zur Straße mit einem festen Tor verschlossen war, wie alle etwas größeren Gehöfte im Ort. Dort hatten also bisher Simon und seine Frau, deren Mutter und der noch unverheiratete Bruder Andreas gelebt. Natürlich hatte das junge Paar erwartet, dass sich das Haus bald mit einer Kinderschar füllen würde. Aber dann war der Rabbi aufgetaucht mit seinem Ruf in ein neues Leben. Und die Brüder hatten alles stehen und liegen lassen und waren mit ihm gezogen.

Wenn sie – und zwar immer wieder einmal – in Kapernaum aufgetaucht waren, war Simons Haus selbstverständlich die Herberge für die ganze Schülerschar gewesen. Die Brüder hatten das Boot zu Wasser gelassen, um eilig wieder zu fischen, seine Frau und ihre Mutter hatten versucht, so viel Grütze und Fladen wie möglich herbei zu schaffen, um alle satt zu machen. Nachts hatten sie irgendwie auf Schlafmatten in den Räumen oder auf dem Boden des Innenhofes, in ihre Umhänge eingerollt, geschlafen.

Daran dachte die alte Frau oft zurück, wenn sie nun den ganzen Tag allein blieb, das Anwesen sauber hielt oder sich um den kleinen Gemüseacker am Rande des Ortes kümmerte. Sie war froh, dass ihre Kräfte noch dazu langten, so müde sie auch nach einem solchen Arbeitstag war. Immer wieder gingen ihre Gedanken auch zu der Pilgerschar um Jesus, die inzwischen wohl schon die berühmte Palmenstadt Jericho erreicht hatte. Würden sie den gefährlichen Weg durch die Berge überstehen, an dem Wegelagerer und wilde Tiere lauerten? Wo würden sie nach dem Opfer im Tempel das uralte Fest des Auszuges aus Ägypten feiern, indem sie miteinander das Passalamm verspeisten? Natürlich konnte es keine Nachrichten von ihnen geben, bis sie in die Heimat nach Galiläa zurückkehrten. Nur Gebete konnten sie begleiten.

In ihrer Einsamkeit und Unruhe war die alte Frau also höchst erstaunt, als es eines Tages an das Tor klopfte. Mit Mühe schob sie den schweren Riegel zurück. Draußen stand eine junge Frau, die sie vom Sehen kannte. „Mädchen, was willst du denn?“, fragte sie verwundert. ‚Mädchen‘ – das Wort war ihr so herausgerutscht, denn tatsächlich nannten alle im Ort diese junge Frau nur ‚das Mädchen‘ oder sogar ‚die Tochter‘. Konnte man sie denn noch immer so sehen, die Tochter von Jairus, dem Vorsteher der Synagoge? Sie musste doch inzwischen gewiss zwölf oder dreizehn Jahre alt sein, also eine Frau im heiratsfähigen Alter. Rasch besann die Alte sich auf die einfachsten Gebote der Gastfreundschaft und bat die Besucherin herein. Sie bot ihr einen Schemel an und schöpfte aus dem Fass einen Becher Wasser.

Stumm trank ihr Gast einige Schlucke, dann brach es aus ihr heraus: „Ich muss immer an die Schwestern und Brüder denken. Ich bin so voller Sorge: Wenn ihnen nur nichts Böses geschieht!“ Das war es also. Sie teilten die Angst um die kleine Gemeinschaft, die mit Jesus unterwegs war. „Kind, beruhige dich. Der Barmherzige wird sie bewahren, er sendet seinen Engel vor ihnen her auf allen ihren Wegen. Du weißt doch, wie sehr der Rabbi dem Ewigen vertraut.“ Das junge Gesicht vor ihr hellte sich auf. „Oh ja, er fühlt sich bei ihm geborgen wie ein Kind in den Armen des Vaters. Deshalb kann er auch selber so offen und freimütig auf alle Menschen zugehen. Und deshalb konnten auch so viele zu ihm Vertrauen fassen.“ Beide schwiegen eine Weile. Dann fuhr die Junge schüchtern fort: „Mutter, wie war das eigentlich damals, als Jesus dich von deinem Fieber heilte?“ – „Ach, meine Tochter, das wäre schnell erzählt. Aber selbst dazu fehlt mir gerade heute die Zeit. Ich muss unbedingt noch auf unser kleines Feld in den Hügeln gehen und die jungen Gurkenpflanzen vom schlimmsten Unkraut befreien. Außerdem brauche ich wenigstens ein paar wilde Kräuter für eine Suppe zum Abend. Magst du morgen früh wiederkommen? Dann muss ich Linsen verlesen. Dabei können wir uns unterhalten." Die Jüngere nickte eifrig und wandte sich nach kurzem Gruß wieder nach draußen. Nachdenklich suchte die Ältere Korb und Hacke zusammen, zog sich einen Zipfel ihres Übergewandes über den Kopf und verschloss sorgfältig die Tür. Was stand hinter dieser Frage? Was suchte das Mädchen bei ihr? Eine Flut von Erinnerungen stieg in ihr auf, während sie in den schmalen Feldweg einbog, der zu den Gemüsefeldern im Hügelland oberhalb des Sees führte.

2. „Talita kumi!"

Am nächsten Morgen erhoben sich Simons Frau und ihre Mutter, sobald der Morgen graute. Die jüngere entfachte unter der Kochstelle im Hof das kleine Feuer. In einem Töpfchen rührte sie ein wenig Gerstenmehl mit Wasser zu einem dünnen Brei. Nach einem kurzen Dankgebet verzehrten sie schweigend die karge Mahlzeit. „Vielleicht kann ich ein paar Abfälle vom Fang mitbringen", murmelte die Tochter, während sie sich ein Tuch umwarf. Die ältere nickte nur und räumte die Breischalen zur Seite. Als sie allein war, breitete sie auf dem Boden des Hofes ein Stück Tuch aus. Aus einem Tonkrug in der Ecke der Hütte schöpfte sie darauf einige Hände voll Linsen, setzte sich daneben und begann, sorgfältig winzige Steine und Unkrautkörnchen heraus zu sammeln.

Kaum hatte sie begonnen, da klopfte es an der Pforte. „Es ist offen, komm herein", rief sie. Und schon schlüpfte ihre Besucherin von gestern in den Hof.

„Sei gesund, Mutter", grüßte sie und neigte ehrerbietig den Kopf vor der alten Frau. „Auch dir möge es gut gehen", gab die zurück. „Aber wieso nennst du mich Mutter?" Das Mädchen wurde rot und schlug die Augen nieder. Doch dann räusperte sie sich und erwiderte leise: „Das hat er uns doch versprochen: wir werden eine neue Familie haben! Hier in euerm Hof, du warst doch auch dabei, als seine Mutter und seine Geschwister ihn nach Hause zurückholen wollten. Da hat er die Arme ausgebreitet und gerufen: ‚Hier sitzen meine Geschwister um mich herum. Alle, die mit mir auf die Herrschaft Gottes warten, sind Mütter und Brüder und Schwestern!'" – „Du warst auch hier? Ich habe dich nicht bemerkt!" – „Ich hatte mir den alten Umhang unserer Hausmagd geliehen", murmelte das Mädchen kichernd, „ich wollte so gern einmal zuhören, wenn Jesus seine Geschichten vom Gottesreich erzählt. Und gerade da sagt er etwas so Wunderbares wie dieses Versprechen von seiner Familie, zu der wir alle gehören. Aber nun, bitte, Mutter, erzähl mir, wie es war, als er dich gesund machte." – „Gut, nenn' mich Mutter, wenn dir das so wichtig ist, auch wenn wir über die neue Familie wohl noch einmal reden müssen. Doch zu deiner Frage. Also, eigentlich war es gar nichts Besonderes. Ich war damals immer so erschöpft. Simon war schon mit Jesus unterwegs. Alle Arbeit auf unserem kleinen Acker lag auf uns beiden Frauen. Den durften wir nicht vernachlässigen, denn wir brauchten jeden Halm Gerste, den er trug. Dazu kam das Gemüsefeld, das Sammeln von Brennholz. Eines Tages war es wohl zu viel. Ein heftiges Fieber erfasste mich. Ich kam einfach nicht mehr hoch vom Lager hier in der Ecke der Hütte. Und gerade da kehrte Jesus ins Dorf zurück. Eine ganze Schülerschar hatte er inzwischen um sich gesammelt, nicht nur die Fischer hier vom See. Zwei von den wilden Gesellen aus den Höhlen über dem Taubental waren zu ihm gestoßen. Einige, die er geheilt hatte, folgten ihm. Ja, sogar zwei Frauen waren schon dabei. Du musst sie ja auch gesehen haben. Und natürlich brachte Simon sie hierher in sein Gehöft. Wie sollte seine Frau allein diese ganze Schar versorgen und bewirten? Sie wird Simon gesagt haben, dass ich krank sei. Und Jesus hat es mitbekommen. Jedenfalls stand er plötzlich an meiner Liege. Er schaute mich nur an. Dann beugte er sich zu mir hinab und ergriff meine Hand. Ach, war das schön – jemand hält meine Hand, als wolle er mir Halt bieten. Ja, er schien mir die Kraft zu geben, die mir so gefehlt hatte. Aber plötzlich merkte ich: Da war noch etwas anderes, Jesus wollte auch etwas von mir. Er brauchte mich als seine Gastgeberin, die ihn aufnahm und versorgte, denn auch er war müde vom Unterwegs sein und von den vielen Menschen, die zu ihm drängten. Da richtete ich mich auf. Da ging ich zu meiner Tochter, die schon an der Feuerstelle hockte und Teig knetete. Ich buk die Fladen, während sie ein Mus aus Linsen und Kräutern kochte. Wir aßen, wir alle wurden satt, erstaunlicherweise, denn es erschien mir wenig genug, was wir zu bieten hatten. Was sie alles beim Essen erzählten, weiß ich nicht mehr. Nur ein Wort Jesu habe ich mir gemerkt: ‚Ihr, die zu mir gehört – dient einander mit dem, was jeder und jede von euch kann. Das soll ein Zeichen für unsere Gemeinschaft sein.' Simon strahlte, dass sein Lehrer bei ihm zu Gast war. Der nickte mir zu, als wir Frauen uns nach dem Lobgesang zum Schlafen die Liegen teilten, während die Männer sich im Hof unter ihren Überkleidern ausstreckten. Ja, weiter war es nichts, aber auch nicht weniger."

Die beiden schwiegen, bis die ältere die Linsen verlesen und in eine kleine Tonschale geschüttet hatte. Dann räusperte sie sich und sagte leise: „Aber du, meine Tochter, hast doch auch etwas mit dem Rabbi erlebt. Möchtest du mir davon erzählen, oder fällt es dir zu schwer, darüber zu reden? Sie haben im Dorf erzählt, du habest lange krank gelegen und kein Arzt konnte herausfinden, was dir fehlte."

„Ja, ich war so matt, dass ich gar nicht mehr aufstehen mochte. Aber war es überhaupt eine Krankheit? War es nicht eher meine Angst vor dem Leben? Als ich ein kleines Mädchen war, erschien mir mein Dasein leicht und unbeschwert. Doch je älter ich wurde, desto mehr fürchtete ich mich." – „Aber wovor? Ihr seid nicht so arm, wie viele Leute in Kapernaum. Dein Vater ist ein angesehener Mann. Deine älteren Geschwister sind schon verheiratet und haben eigene Familien." – „Aber das war es ja gerade! Ich sah, was mit meinen Schwestern geschah. Sie bekamen ein Kind nach dem anderen. Sie wurden so schnell alt und plagten sich den ganzen Tag mit all der Arbeit im Haus. Und wie viele Frauen sterben bei den Geburten! Das alles sah ich vor mir als mein Geschick. Und das wollte ich nicht. Ich wollte nicht erwachsen werden. Ich aß immer weniger, trotzdem wuchs ich. Der zwölfte Geburtstag rückte näher. Dann würde mein Vater einen Ehemann für mich suchen. Wie konnte ich dem entgehen? Doch nur, indem mein Körper immer schwächer wurde. Nun bekamen es meine Eltern mit der Angst; zumal ja kein Arzt verstand, was mit mir los war. Und dann hörten sie von Jesus. Vom Heiler, der Blinde und Lahme gesund machte, ja sogar Aussätzige rein. Das gab bei meinem frommen Vater wohl den Ausschlag. So wandte er sich an den Wanderrabbi, holte ihn in unser Haus. Dann war es eigentlich so, wie du es auch von dir erzählt hast. Der Rabbi trat an mein Bett und sah mich an, er legte seine Hand auf meinen dünnen Arm, dann ergriff er meine rechte Hand. Und ich wurde ruhig, ja, in mir schien plötzlich so etwas wie Zuversicht aufzuflackern: Vielleicht wäre es doch möglich zu leben, anders als befürchtet? Ja, plötzlich wollte ich leben. Und Jesus bekräftigte das. Denn er sagte zu mir: ‚Talita kumi – Mädchen, steh auf!' Und meine Mutter wies er an: ‚Eure Tochter braucht Essen!' Und das brachten sie mir. Und ließen mich dann in Ruhe. Hatte Jesus ihnen vielleicht auch das geraten? Ich bin noch nicht sehr kräftig. Aber ich nehme zu und freue mich wieder an der Sonne und an den Wellen unseres Sees. Vom Heiraten ist nicht die Rede. Könnte es doch so bleiben!"

Das Mädchen verstummte. Ein langes Schweigen breitete sich aus. Schließlich fragte es zaghaft: „Mutter, was denkst du?" – Die alte Frau seufzte leise und erwiderte: „Wir haben das Gebot des Ewigen: ‚Ihr, meine Menschen, sollt Kinder bekommen. Zieht sie auf und pflegt und bebaut mit ihnen die Erde.' Und unser Vorfahr Abraham erhielt das Versprechen: ‚Zu einem großen Volk will ich deine Nachkommen machen!' Seitdem haben unsere Väter und Mütter das Haus Israel gebaut. Viele Kinder zu haben, ist ein Segen, an dem sich jedes Menschenpaar freut. Freilich habe ich gehört, in der Wüste jenseits des

Jordans lebten Männer in einer frommen Gemeinschaft ohne Familien. Aber, eben, es sind Männer, die solch einen besonderen Weg wählen. Und ich weiß nicht, was sie dazu treibt."

„Vielleicht denken sie wie Rabbi Jesus. Du hast doch gehört, was er sagt: ‚Diese alte Weltzeit ist an ihr Ende gekommen. Ein neuer Äon zieht herauf! Alles ändert sich, denn bald tritt Gott selber seine Herrschaft hier auf der Erde an.' Dann bricht das Reich des Friedens und der Gerechtigkeit an, dann werden die Armen satt und die Kranken heil. Ganz so, wie wir es schon bei ihm erleben! Wenn also alles sich ändert, warum nicht auch die alten Sitten und Gebote? Warum nicht anders leben als bisher? Er und seine Schüler tun es doch auch!" – „Auch sie sind Männer, vergiss das nicht. Wanderlehrer gibt es immer wieder, und dass junge Schüler sich ihnen anschließen, ist geradezu die Regel." – „Und Mirjam aus Magdala? Und Salome? Auch sie folgen dem Rabbi, und er hat sie nicht zurückgewiesen!" – „Ja, das ist ungewöhnlich. Simon ist es schwer gefallen, die Frauen im Kreis um den Lehrer zu dulden. Meine Tochter hat es mir erzählt. Aber als Jesus uns alle seine Brüder und Schwestern nannte, verstummte jeder Widerspruch." –

„Und du bist für ihn wie eine Mutter", rief das Mädchen begeistert aus. „Deshalb bin ich hergekommen. Wir, die ihm vertrauen, müssen doch zusammenhalten, bis er wieder bei uns ist. Darf ich wiederkommen? Ich könnte dir auch bei der Arbeit helfen." – „Nun ja, manches wird mir schon recht schwer, da könnte ich ab und zu ein paar junge Arme gebrauchen. Aber was wird dein Vater sagen? Überhaupt: Was hält er als Vorsteher unserer Synagoge von den Lehren das Rabbis?" Das Gesicht des Mädchens verschloss sich. „Darüber reden wir ein andermal", murmelte sie. „Heute Abend beginnt der Sabbat, da muss ich sowieso daheim sein. Aber wenn ich wiederkomme, bringe ich dir einen Krug Wasser vom Brunnen mit, das spart dir einen Weg." Damit schlüpfte sie aus der Tür, die hinter ihr schwer ins Schloss fiel. In Gedanken versunken blieb die alte Frau zurück.

3. Besuch am Sabbat

Bei Sonnenuntergang kehrte Simons Frau nach Hause zurück. Tatsächlich hatte Zebedäus ihr einige kleine Fischlein geschenkt, die nun zusammen mit den Linsen das Sabbatmahl der beiden Frauen bildeten. Doch ehe sie sich zu Tisch setzten, wuschen sie sich sorgfältig die Hände. Über einer kleinen Öllampe sprachen sie den Segensvers zum Beginn des Feiertages, ehe sie die Löffel in die Schüsseln tauchten. Müde ließen beide dann die Hände im Schoß ruhen. „Gott sei gedankt für den Segen des Ruhetages! Wir können aufatmen von all der Plage der Woche." – „Aber dein Kleid ist schon wieder eingerissen, das werde ich morgen flicken müssen, auch wenn Sabbat ist." – „Jesus hätte nichts dagegen", schmunzelte die Tochter, „er weiß, dass wir Armen manchmal auch am Ruhetag arbeiten müssen. Aber jetzt dürfen wir erst einmal schlafen und alle Sorgen dem Vater im Himmel überlassen. Hoffentlich sorgt er auch für die Pilger auf ihrem Weg. Sie können nicht mehr weit von Jerusalem sein. Gottes Engel schütze sie und uns!" Damit legten sich die Frauen auf die dünnen Schlafmatten in einem Winkel des Raumes.

Doch am nächsten Tag wurde die Ruhe des Sabbats schon am Vormittag durch zwei ungewöhnliche Besucherinnen unterbrochen. Die eine trug das dunkle Wollkleid einer Witwe. Die andere, eine junge, hübsche Frau, war jedoch mit einem bunten Gewand bekleidet, das sie als Bedienerin in einer Schenke auswies. Höflich verbargen Simons Frau und ihre Mutter ihr Erstaunen, führten die Besucherinnen zum Schattenplatz unter einem Maulbeerbaum im Hof und reichten jeder einen Becher mit Wasser. Nachdem auch sie sich gesetzt hatten, brach die Ältere das Schweigen: „Mein Name ist Rifka, ihr habt vielleicht von mir gehört. Ich bin die Frau, die Jesus in der Synagoge geheilt hat." – „Oh, du hast dieses Aufsehen erregt, weil das ja an einem Sabbat geschah! Nie hätte ich dich wieder erkannt, so gebückt wie du dich damals durch das Dorf schlepptest!" –

„Weggeschaut haben damals alle und hinter meinem Rücken gemurmelt: ‚sie hat einen Dämon in sich.' Dabei kam meine Verkrümmung nur von der harten Arbeit auf dem Acker. Jahrelang hatte mich der Pachtherr Steine aufsammeln lassen. Selbst die Ähren musste ich auflesen, die eigentlich für die Armen liegen bleiben sollten. War das ein Wunder, als ich wieder aufrecht stehen und gehen konnte!" – „Jairus fand es nicht so wunderbar, dass in seiner Synagoge die Ruhe des heiligen Feiertages gestört wurde!" – „Ja, er ist einer von den Frommen, die um jedes Gebot des Ewigen noch einen besonderen Zaun von zusätzlichen Satzungen ziehen möchten, damit wir sie auch ganz gewiss einhalten. Aber für Jesus gilt: Der Sabbat dient dem Menschen, nicht umgekehrt." – „Bist du denn wirklich völlig geheilt", erkundigte sich nun Daja mit etwas skeptischem Blick. Rifka lächelte sie offen an: „Wenn ich mich beim Kräutersammeln lange bücken muss, dann tut mir natürlich wieder der Rücken weh, und auch nasskaltes Wetter macht meinen alten Gliedern zu schaffen. Aber ich bringe es wieder fertig, mich so gerade zu halten, wie möglich. Und dazu hat mir Jesu Hand auf meinem Körper geholfen."

Unwillkürlich richteten sich nun die Augen der Hausherrinnen auf die zweite Besucherin. Sie räusperte sich verlegen und sagte dann leise: „Ich bin Dina. Und wie ihr seht, arbeite ich in der Schenke unten am Landeplatz der Boote. Ich tue es nicht gerne, obwohl es ja ein Beruf ist wie jeder andere. Vor zwei Jahren konnte mein Vater die Pacht für seinen kleinen Weinberg nicht mehr aufbringen. Da ist er bei Nacht und Nebel zu den Rebellen in den Höhlen des Arbel geflohen. Die Familie zerstreute sich in alle Winde. Ich konnte froh sein, dass mich der Schankwirt für Essen und einen Schlafplatz bei sich arbeiten lässt. Einer meiner Kunden war Levi, der Zöllner. Und der, stellt euch das vor, der hatte mich eingeladen, als er das Gastmahl für Jesus gab! So etwas hatte ich noch nie erlebt: Essen in Hülle und Fülle, alle waren freundlich zueinander. Jesus erzählte, und wir sangen und lachten. Ach, es war einfach der Himmel auf

Erden! Aber dann ging Levi ja mit Jesus fort.“ Verlegen brach Dina ab und ließ ihre Augen verloren über den Hof schweifen.

Rasch ergriff Simons Frau das Wort: „Da ihr zu uns gekommen seid, kennt ihr uns also, wenn auch vielleicht nicht unsere Namen. Ich bin Daja, meine Mutter heißt Hanna. Und offenbar haben wir alle mit dem Rabbi zu tun. Seid ihr deswegen zu uns gekommen?“ Wieder nahm die alte Rifka zuerst das Wort: „Ja, Dina war so frei, mich am Brunnen anzusprechen, nachdem Jesus mit seinen Schülern den Ort verlassen hatte. Wir sind zurückgeblieben. Aber müssen wir deshalb auch jede einsam wie ein Waisenkind in einer Ecke hocken oder wie hungrige Vögelchen auf die fütternden Vogeleltern warten? In unseren Gedanken begleiten wir alle die Pilgerschar. Das können wir doch auch miteinander tun.“

„Wie meinst du das?“, fragte Daja nach. „Seit mein Mann Simon zum Schülerkreis des Rabbis gehört, schufte ich die ganze Woche im Fischereibetrieb von Zebedäus, und meine Mutter hat alle Hände voll zu tun mit der Arbeit hier im Haus und auf unserem kleinen Acker. Und dir“, sie blickte verlegen zu Dina, „wird der Wirt auch keine freie Zeit gönnen.“ – „Nein, auch ich habe jeden Tag Schankdienst, und die Männer kommen zum Trinken und Feiern, wenn ihnen danach ist. Aber wie du siehst, darf ich mich am Sabbat ein paar Stunden ausruhen. Deshalb dachten wir, an diesem Tag sei es vielleicht möglich. Oder geht ihr regelmäßig zur Synagoge?“ – „Wir schaffen es nicht immer“, bekannte Hanna verlegen. „Eben wollte ich Dajas Arbeitskleid flicken, damit sie es morgen früh wieder anziehen kann. Wie seid ihr auf die Idee mit den Treffen gekommen?“ – „Die Männer tun es schon“, sprudelte Dina heraus, „die, die Jesus geheilt hat. Sie treffen sich im Haus des Gelähmten. In Levis Zollhaus sitzt ja leider der neue Pächter, der Jesus nicht kennt.“ – „Woher weißt du so etwas“, erkundigte sich Daja erstaunt. „Einer seiner Freunde, die ihn damals zum Rabbi brachten und vom Dach aus herunter ließen, hat es mir erzählt. Sie alle haben danach Vertrauen zu Jesus gefasst. Deshalb kam er zu mir, um sich zu entschuldigen. Er hatte behauptet, ich hätte ihn bestohlen, als er das letzte Mal betrunken bei mir war.“ Verlegen verstummte sie, aber nun bat Hanna sie, mehr über diese Treffen zu erzählen. „Sie tun so, als seien sie ein Handwerkerverein. Und das wiederum haben sie den reichen Besitzern der Fischereibetriebe in Magdala abgeguckt. Die veranstalten regelmäßige Treffen reihum in den Häusern und haben ein großes Boot als ihr Wappen. Der reichste von ihnen hat es sich als Steinbild in die Vorhalle seines Hauses legen lassen.“ Alle betrachteten Dina verblüfft. Die schöne junge Frau schien eine beträchtliche Stammkundschaft zu haben und viel vom Gerede der Leute aufzuschnappen.

„Und – wer kommt noch zu dem Lahmen und seinen Freunden? Und was tun sie bei ihren ‚Vereinstreffen'?“, erkundigte sich Daja neugierig? Nun ergriff wieder Rifka das Wort: „Zu Joses, dem Lahmen, und seinen Freunden kommen noch Simson, der Aussätzige, und Micha, dessen gelähmte Hand Jesus auch in der Synagoge gesund machte. Manchmal wandern sogar Männer von Betsaida herüber, die Jesus dort geheilt hat. Der blinde Eli ist dabei und einer, der lange in einer Höhle gehaust hat. Die Leute nennen sie immer noch nach ihren früheren Gebrechen, obwohl sie ja nun gesund sind und wieder bei ihren Familien leben und arbeiten können. Und was sie tun? Nun, sie reden vom Rabbi und wiederholen sich seine Geschichten vom Himmelreich. Die wollen wir doch alle nicht vergessen, nicht wahr?“

Daja und Hanna schwiegen beeindruckt über all diese Neuigkeiten. Plötzlich blickte Dina zum Himmel. „Die Sonne hat den Mittagsstand schon überschritten. In ein paar Stunden beginnt mein Arbeitstag. Und ich wollte Rifka noch helfen, ihre Hütte auszufegen. Sie sieht nicht mehr so gut. Nicht wahr, Mutter, das schaffen wir noch, ehe ich wieder beim Ausschank sein muss! Denkt ihr über unsere Frage nach? Wir treffen uns wohl einmal am Brunnen oder unten am See.“ Auch Rifka erhob sich und wandte sich der Tür zu. „Bleibt gesund“, grüßte sie, „der

Schutz des Barmherzigen sei bei euch und bei unseren abwesenden Geschwistern!“

Nun endlich kramte Hanna nach Nadel und Faden, um das grobe Kleid der Tochter zu flicken. Deren Gedanken verweilten noch bei dem erstaunlichen Besuch. „Sie hat ‚Mutter‘ zu Rifka gesagt, hast du das auch gehört?“, wandte sie sich dann fragend an die Ältere. Die zögerte lange mit einer Antwort. Schließlich murmelte sie: „Es ist, weil der Rabbi gesagt hat, wir seien seine neue Familie. Das haben sich anscheinend alle gemerkt. Und ehe du dich noch mehr wunderst ...“ Und dann berichtete Hanna ihrer Tochter alles über den Besuch der Tochter des Synagogenvorstehers Jairus.

4. Und diese war auch mit dem Jesus von Nazareth

In den Tagen nach dem Besuch am Sabbat wartete Hanna vergeblich auf die Tochter des Jairus. Entweder war sie mit eigenen häuslichen Pflichten beschäftigt, oder sie durfte nicht so viel allein im Dorf unterwegs sein. Die alte Frau wanderte täglich in das Hügelland oberhalb des Sees, um zwischen den jungen Gemüsepflanzen zu hacken und Unkräuter aus dem Boden zu ziehen. Der Mangold war kräftig gewachsen, so dass sie die erste Mahlzeit ernten konnte.

An einem Abend mitten in der Woche hörte sie schließlich, wie sich Schritte dem Haus näherten. Auf ihren Zuruf trat das junge Mädchen in den Hof. In ihrer Begleitung war eine unbekannte Frau mittleren Alters. Verstohlen musterte Hanna die Erscheinung, deren feines blaues Kleid an Saum und Ärmeln mit Borten verziert war. „Mutter, ich habe Joana mitgebracht. Sie hat Jesus damals so mutig aufgehalten, als mein Vater ihn zu uns holte. Seitdem treffen wir uns ab und zu, wenn ich mich aus dem Haus stehlen kann.“ – „Sei gegrüßt“, fiel Joana der Jüngeren ins Wort. „Rahel meinte, sie dürfe mich einfach mitbringen, wenn sie dich besucht.“ – „Rahel heißt du also“, schmunzelte Hanna, „bisher habe ich dich ja nur ‚Tochter‘ genannt.“ – „Und das möchte ich so gern sein, um Jesu willen, der uns verbindet“, bat Rahel, „ganz besonders natürlich Joana und mich, die wir zur gleichen Stunde gesund wurden, weil sie so ein großes Vertrauen zum Rabbi hatte.“ Diese errötete und schüttelte abwehrend den Kopf. „Um ehrlich zu sein, Vertrauen war es zuerst nicht. Ich hatte ja jahrelang nirgends Hilfe gefunden gegen meinen ständigen Blutfluss. Obendrein war ich verbittert und menschenscheu geworden. Als ich von Jesus hörte, erschien er mir wie der berühmte Strohhalm, den man in der Verzweiflung ergreift. Ich sah in ihm einen Heiler voller übernatürlicher Kräfte und Ausstrahlung. Deshalb dachte ich ja auch, die bloße Berührung seines Gebetsschales würde mich heilen. Erst als er sich umdrehte und fragte, wer seine Hilfe in Anspruch nahm, verstand ich, dass es um etwas anderes ging. Erst da bekannte ich mich vor all den Menschen zu meinem Leiden, erst da setzte ich mit Jesus mein Vertrauen in den barmherzigen Gott, von dem er uns erzählt. Das hat mich heil gemacht an Leib und Seele. Und deshalb halte ich mich zu ihm, wie auch du, Rahel, meine kleine Freundin und Schwester.“

Bewegt hatte Hanna zugehört. Behutsam fragte sie nun nach: „Aber ich hatte dich hier nie gesehen; woher kamst du an den See, und wo wohnst du jetzt?“ – „Lange habe ich in Tiberias gelebt, wo mein Mann ein Geschäft für feine Tuchwaren betreibt. Als mich die Krankheit befiel, durch die ich mich ja auch von ihm fernhalten musste, ließ er sich scheiden. Doch er gab mir nicht nur meine Mitgift zurück, wie es mir zustand, sondern überließ mir auch aus dem Familienbesitz einen kleinen Weinberg oberhalb des Sees. In dessen Wachturm hatte ich mich sozusagen eingemauert, bis ich Jesus begegnete, bis sich mein Leben wieder zum Guten kehrte. Das heißt, ich wohne immer noch dort, aber nun gehe ich auch hinunter nach Kapernaum, und so trafen wir uns schließlich.“ – „Und darüber bin ich so froh“, strahlte Rahel sie an, „denn mit dir kann ich vom Rabbi reden. Ich glaube, wir, die ihn kennen, brauchen einander einfach, besonders jetzt, wo er nicht bei uns ist und wir ihn nicht sehen und hören können. Mutter, findest du das nicht auch?“

Aufmerksam war Hanna Joanas Geschichte und Rahels Frage gefolgt. Nun fielen ihr auch Dina und Rifka wieder ein. Waren die nicht mit dem gleichen Anliegen hergekommen? „Meine Tochter und ich hatten schon am Sabbat überraschenden Besuch“, setzte sie zögernd an. „Anscheinend treffen sich auch schon andere Anhänger des Rabbi oder möchten es. Es sind ja viele durch ihn geheilt und in ein neues Leben gerufen worden, aber nicht alle sind mit ihm unterwegs.“ – „Denkst du an Rifka?“, fragte Rahel eifrig, „die treffe ich manchmal am Brunnen. Oh, nun habe ich dir doch kein Wasser mitgebracht“, unterbrach sie sich selber schuldbewusst. „Das kannst du nächstes Mal tun“, tröstete Hanna sie. Und entschlossen fügte sie hinzu: „Sag Rifka, wir erwarten sie am Sabbat, sie weiß dann schon Bescheid. Und ihr kommt auch, wenn ihr könnt. Jetzt aber verzeiht, ich muss unbedingt noch etwas Holz sammeln, damit die arme Daja wenigstens einmal am Tag etwas Warmes in den Magen bekommt.“

Sofort verabschiedeten sich Joana und Rahel, während Hanna sich mit einem Tragetuch auf den Weg machte.

Am Morgen des Feiertages waren es also schon fünf Frauen, die sich in Simons Haus versammelten. Rahel allerdings fehlte. „Sie muss mit ihren Eltern zum Gottesdienst in die Synagoge gehen und wird nachkommen“, erklärte Rifka, „ich lasse mich dort nicht so oft blicken. Jairus trägt mir immer noch nach, dass er meinetwegen den Streit mit Jesus hatte. Dabei war es doch eher eine der üblichen Auseinandersetzungen unter Auslegern der Heiligen Schriften: Wie genau muss man das Sabbat-Gebot befolgen? Wann gelten die Ausnahmen, die es bei Unfällen und Krankheiten gibt? Auch andere Lehrer legen die Regeln so weit und menschenfreundlich aus wie Jesus. Aber Jairus möchte ein Fels in der Brandung sein, gerade in unserer Provinz Galiläa an der Grenze zu Völkern mit anderen Sitten und Geboten. Jetzt ist er in einer Zwickmühle: Jesus hat sein Kind geheilt, aber das fühlt sich nun zu dem Rabbi hingezogen, der so anders lehrt, als die strengen Schriftausleger – und zu uns, die ihm folgen." „Über die Frage der Familie müssen wir sprechen, wenn Rahel dabei ist", seufzte Hanna, „jetzt lasst uns zu eurem Wunsch kommen, dass wir, die wir Jesus zugetan sind, mehr zusammenrücken." –

„Die Männer, die nach ihren heilsamen Begegnungen mit ihm Vertrauen zu seiner Botschaft gefasst haben, tun das jedenfalls schon", warf Dina ein, „sie haben sogar überlegt, mich auch einzuladen, wie damals bei Levis Gastmahl. Aber zum einen sind Treffen unter Männern allein natürlich unauffälliger. Und außerdem würde ich mich in so einer Runde auch gar nicht wohl fühlen, mit Männern habe ich genug in der Schenke zu tun." – „Frauen unter sich können sowieso offener reden und unbefangener sein", ergänzte Daja. „Doch was würden wir miteinander tun, falls wir uns nun wirklich an den Ruhetagen träfen, bis Jesus und seine Schüler zurück sind?" – „Was wir mit dem Rabbi erlebt haben, darüber haben wir uns ja schon ausgetauscht", erinnerte sich Hanna, „aber wer weiß noch all die Geschichten vom Gottesreich, die er erzählt hat? Mein alter Kopf jedenfalls könnte es gebrauchen, dass wir sie uns wieder ins Gedächtnis rufen. Das würde mir helfen, die Hoffnung festzuhalten, dass der Barmherzige wirklich bald zu uns kommt und unter uns sein Wirken zum Guten endlich sichtbar wird." – „Hanna, angefangen hat es doch schon, während Jesus hier bei uns war", warf Joana ein. „Als die Heilkraft von ihm zu mir überströmte, da war Gott mir ganz nahe, und ich fühlte mich geborgen wie ein Kind an der Hand des Vaters." – „So ging es mir, als er mich eine Tochter von Abraham und Sara nannte", pflichtete Rifka eilig bei, „ich alte Frau gehöre zum Volk Gottes dazu, nicht nur die Jungen und Geraden." – „Bei Levis Gastmahl ist er noch weiter gegangen", erzählte Dina, „da hat er gesagt: ‚Wenn wir erst am Tisch in Gottes Königshalle sitzen, dann sind auch die Zöllner und Huren dabei'. Eine wie ich also! Ich wurde ganz rot, aber auch vor Freude, denn er sah mich freundlich an dabei.“ – „Auch solche Verheißungen hören die Frommen gar nicht gern, darum müssen wir sie uns unbedingt merken. Wisst ihr noch, wie er den ewigen, erhabenen Gott mit einer Hausfrau verglich?“ – „Das vergesse ich nie“, lachte Daja; dann sagte sie ernsthaft auf: ‚Bei Gott geht es zu wie bei einer Frau, die merkte, dass sie einen ihrer zehn Denare vom Wochenlohn verloren hatte. Sofort ergriff sie den Besen und fegte die ganze Hütte blitzblank. Da rollte ihr die Münze aus der hintersten Ecke entgegen. Freudig sammelte sie sie auf und lief vor das Hoftor, wo ihre Nachbarinnen auf der Gasse saßen. Freut euch mit mir, rief sie, ich habe meinen Denar wieder gefunden. Genau so jubelt Gott über jedes Menschenkind, das sich verirrt hatte und den Weg zu ihm zurückfindet‘.“

Die drei anderen lachten ebenfalls vergnügt in der Erinnerung an diese Geschichte. Doch dann wurde Joana wieder ernst: „ Es gibt auch viel Gerede darüber, dass Frauen im Schülerkreis mitwandern. Was denkt ihr darüber?“ –„Jakoba, die Frau des Zebedäus ist ihren Söhnen Johannes und Jakobus gefolgt. Unter den anderen Fischern und Tagelöhnerinnen in seinem Betrieb wurde natürlich getuschelt. Noch mehr reden sie über Mirjam aus Magdala. Schwer krank war sie so viele Jahre lang, bis sie bei Jesus Heilung fand. Dann wich sie nicht mehr von seiner Seite. Auch wenn die Männer sie schief ansahen, die er ja ausdrücklich aufgefordert hatte, ihm zu folgen.“ – „Salome“, ergänzte Hanna, „ist eine vermögende Witwe, die die ganze Gruppe unterstützt. Als sie zum letzten Mal bei uns Rast machten, hat sie auf dem Markt das größte Zicklein gekauft, damit wir uns alle satt essen konnten!“ – „Jesus lässt die Frauen in seinem Kreis sein“, bemerkte Rifka, „vielleicht denkt er ja, wenn bald die neue Weltzeit anbricht, in der sich alles verändert, dann brauchen wir schon jetzt nicht mehr an den alten Sitten zu hängen, die die Frauen ans Herdfeuer und an die Wiege setzen, während die Männer draußen in der Welt schalten und walten.“ – „Also ich“, warf Joana dazwischen, „habe unser Tuchgeschäft mit aufgebaut und betrieben, ehe ich krank wurde. Viele Frauen arbeiten als Handwerkerinnen oder Händlerinnen genau so wie die Männer. Und du, Daja, schuftest den ganzen Tag über den Fischkörben. Würdest du eigentlich Simon gern begleiten, wenn der mit dem Rabbi unterwegs ist?“ – „Ich weiß nicht“, murmelte Daja, „ich bin noch nie aus Kapernaum heraus gekommen. Vielleicht hätte ich zu viel Furcht in der Fremde. Und außerdem könnte ich meine Mutter ja nicht allein hier zurück lassen.“

In diesem Augenblick klopfte es am Tor und ohne eine Antwort abzuwarten, schlüpfte Rahel in den Hof. Sofort sprudelte sie los: „Stellt euch vor, ein Schüler des Täufers Johannes war in der Synagoge. Die hatten sich ja verstreut, nachdem ihr Lehrer hingerichtet wurde, aber nun ziehen sie mutig wieder umher und predigen die Umkehr zum Gesetz des Ewigen. Und wir haben auch den schönen Psalm über die Freude an den guten Weisungen des Höchsten gesungen. Vielleicht könnten auch wir singen und beten, wenn wir uns treffen!“ – „Sachte, sachte“, mahnte Hanna, „du tust, als sei das schon eine beschlossene Sache.“ – „Oh, bitte, ich brauche euch so sehr, um weiter bei meinem Vertrauen auf Jesus zu bleiben. Wir müssen uns einfach gegenseitig bestärken in unserer Hoffnung auf Gottes Wirken mitten in dieser Welt voller Angst und Not.“ – „Damit hast du Recht, aber wir dürfen uns auch nicht zu sehr gegen die anderen im Dorf abschließen“, wandte Rika ein, „lasst uns auch wieder zum Gottesdienst gehen, damit klar ist, dass wir den Ewigen, unseren Gott, von Herzen lieben, wie das Gebot des Mose es vorschreibt und wie auch Jesus es tut. Dina, ob du herausfinden könntest, wie die Männer es damit halten wollen?“ – „Wenn mal wieder einer von ihnen in der Schenke auftaucht, können wir vielleicht ein paar Worte wechseln. Allerdings muss ich jetzt bald aufbrechen, der Wirt hat mir aufgetragen, die Krüge zu scheuern, ehe die ersten Gäste eintrudeln.“ – „Dann lasst uns noch das Gebet sprechen, das wir vom Rabbi gelernt haben, die sieben Bitten an den Vater in den

Himmeln." Das taten sie, und mit einem Segenswunsch der alten Hanna zogen die vier Besucherinnen von dannen.

Nachdenklich blieben Daja und ihre Mutter zurück. Nachdem sie einen trockenen Fladen in einen Rest Gemüse gebrockt und als Abendmahlzeit zu sich genommen hatten, brach Hanna das Schweigen. „Was hältst du von dem Plan dieser Frauen, uns mit ihnen zu treffen? Sie haben uns damit etwas überrumpelt, nicht wahr?" – „Ja schon, aber eigentlich liegt es nahe. Es ist Simons Haus. Und der wurde als einer der ersten zum Schüler des Rabbis berufen. All die anderen sind erst später dazu gekommen. Hier ist er so oft eingekehrt, wenn sie in Kapernaum waren. Und Levi, der ihn auch einlud, wandert nun selber mit ihm durchs Land. Und da nun wir beiden Frauen dieses Haus hüten, könnte es gut der Ort sein, wo die Frauen, die sich zu Jesus halten, einander besuchen und sich gegenseitig helfen. Mir wäre es recht, wenn dir eine der Jüngeren etwas zur Hand ginge. Ich weiß, du hast Jesus gedient, das macht dich zu seiner Jüngerin. Aber manche Arbeiten fallen dir schwer, auch wenn du dir das nicht anmerken lässt." –

„Es ist sicher gut für die Zeit, bis wir wieder alle zusammen sind", stimmte Hanna zu. „Wie es ihnen wohl inzwischen in Jerusalem geht? Barmherziger Gott, berge uns alle unter dem Schatten deiner Flügel!" Müde legten sich Mutter und Tochter zur Ruhe.

5. Im tiefen Tal

Die Tage bis zum Passafest vergingen in den Häusern am See in reger Betriebsamkeit. Alle würden das Fest der Erinnerung an die Errettung aus der Sklaverei in Ägypten in ihren Familien begehen. Für die Abendmahlzeit wurden Gerichte aus Frühlingsgemüse und Eiern zubereitet. Ein geopfertes Lamm konnten freilich nur die miteinander verzehren, die nun im fernen Jerusalem weilten, denn nur dort konnte es ja vorschriftsmäßig im

Tempel geschlachtet werden. Um so mehr gingen die Gedanken aller Zurückgebliebenen zu diesen Pilgern.
Auch Daja und ihre Mutter säuberten ihr Haus und fegten den Hof besonders sorgsam. Hanna hatte auf ihrem Feld inzwischen Lauchzwiebeln, Blattgemüse und Kräuter geerntet, die einen wohlschmeckenden Eintopf ergeben würden. Zwei Tage vor dem Fest schaute Dina kurz herein. „Der Wirt schließt über das Fest die Schenke, weil die Männer doch alle in ihren Familien bleiben; auch ich habe also frei. Ist es euch recht, wenn Rifka, Joana und ich zu euch kommen? Joana bringt etwas Fleisch vom Markt mit, Rifka bereitet einen Brei aus Nüssen und Körnern, die sie im Herbst gesammelt hat, und ich kann versuchen, dem Wirt einen kleinen Krug Wein abzuschwatzen." Hanna konnte nur nicken, denn Dina wirbelte sogleich wieder davon.

Am Festabend saßen also die fünf Frauen um einen reich gedeckten Tisch. Tatsächlich war Dina mit einem Krüglein Wein erschienen, das Daja sorgfältig mit Wasser mischte. Sie sprach auch das Segenswort über dem Becher, bevor sie den ersten Schluck tranken. Hanna wiederum erinnerte an den Anlass des Festes: „Uns hat der Ewige befreit aus der Knechtschaft in Ägypten. Zu seinem Volk hat er uns berufen. Dankt ihm und preist seinen Namen!" Dann stimmte Daja das uralte Lied der Mirjam an:

„Singt ihm, unserm Gott, hoch erhaben ist er!
Die Rosse, die Reiter warf er ins Meer."

Beim anschließenden Tischgespräch wandte sich Hanna an Rifka: „Verzeih meine Neugier. Mir scheint, du lebst allein, aber wovon, ohne eine Familie, die dich unterstützt?" – „Ja", bestätigte Rifka, „mein Mann starb vor zwei Jahren. Er hatte einen Olivenhain gepachtet, in dem wir uns tüchtig plagten. Als wir von seinem Ertrag den nötigen Pachtzins trotzdem nicht aufbringen konnten, nahm ihn uns der Pachtherr einfach ab. Von da an mussten wir uns als Lohnarbeiter auf seinen Äckern abschuften. So ein elendes Leben wollte unser einziger Sohn nicht haben, er ist nach Sephoris gezogen. Ihr wisst, dass fromme Leute diese Stadt meiden, wo so viele Menschen aus anderen Völkern leben. Doch er hat dort Arbeit auf einer der großen Baustellen gefunden. Ab und an lässt er mir ein paar Denare zukommen, wenn ein Händler zum Einkauf von Dörrfisch nach Kapernaum kommt. Und wenn die Nachbarin mit ihren vielen Kindern es nicht schafft, die Wolle ihrer Schafe zu säubern und zu spinnen, holt sie mich zu Hilfe gegen eine Mahlzeit an ihrem Tisch. So musste ich bisher wenigstens unsere alte Hütte noch nicht verkaufen und habe meine eigene Bleibe."

„Mein Weinberg brauchte dringend Pflege", warf Joana ein, „aber das müssen Leute machen, die etwas vom Weinbau verstehen. Ob unter den Männern um Joses und Simson welche sind, die mir helfen könnten?" – „Vielleicht finden wir es heraus, wenn Simon und Andreas wieder hier sind." – „Die können wir ja nun zurück erwarten", nickte Daja, „vielleicht bleiben sie sogar eine Zeitlang im Dorf. Die werden staunen, was sich inzwischen bei uns getan hat. Was sie wohl dazu sagen werden?" Mit diesem Ausblick trennten sich die Frauen nach einem letzten Segensvers.

In den nächsten Tagen blickte Hanna immer wieder einmal auf die Landstraße, auf der Reisende aus dem Jordantal ins Dorf zu wandern pflegten. Es war jedoch erst an einem späten Abend, als sie leises Klopfen am Tor hörten. Draußen standen Simon und Andreas, doch in welch erbärmlichem Zustand! Verstaubt und erschöpft taumelten sie über die Schwelle und ließen sich in einer Ecke des Hauses zu Boden sinken.

„Um Gottes willen, was ist geschehen?", fragte Daja besorgt. „Er ist tot", presste Andreas mühsam heraus, „Jesus ist tot. Sie haben ihn umgebracht wie einen Verbrecher. Es ist so furchtbar!" – „Und ich habe ihn im Stich gelassen", Simon brach in bitterliches Weinen aus, „geflohen bin ich, als er mich brauchte." – „Wir alle waren kopflos vor Angst und wollten nur noch uns selber retten. Sie hätten uns doch sonst alle gefangen und abgeurteilt!" – „Wer? Wovon sprecht ihr", drang Daja in ihren Mann. Doch Hanna stand plötzlich mit einer Schüssel voll Wasser und zwei Bechern vor den beiden. „Wascht euch den Staub von Gesicht und Händen, trinkt einen Schluck", redete sie beruhigend auf die Erschöpften ein. Als sie das getan hatten, fasste sich Simon und begann zögernd und mit langen Pausen zu berichten: „Jesus hat sich in Jerusalem mit den Priestern angelegt. Er hat den Handel im Vorhof des Tempels gestört und behauptet, der Tempel werde zerstört werden. Natürlich hatten die Priester ihn schon lange im Visier wegen seiner Art, von Gott zu reden und des Zulaufs im Volk durch seine wunderbaren Taten. Nun war das Maß voll. Sie wollten ihn aus dem Weg räumen. Aber einen Menschen zum Tode verurteilen, das können ja nur die Römer. Also haben sie ihn beim Statthalter angeschwärzt. Sie haben behauptet, er habe sich als König eines Gottesreiches ausgegeben. Das schürte bei Pilatus die Furcht vor einem Aufstand in seiner unruhigen Provinz. Einen Scheinprozess im Hohen Rat haben sie inszeniert und ihn dann den Römern übergeben. Ihr wisst, welche Strafe die beim Verdacht von Aufruhr verhängen!" Wieder wurde Simon von einem Weinkrampf geschüttelt. Entsetzt blickten die Frauen auf Andreas.

„Ja", bestätigte der mit gequälter Stimme, „er ist am Kreuz gestorben, den grausamen Tod eines Sklaven. Da waren wir schon geflohen. Auch andere haben sich wohl auf Schleichwegen zurück nach Galiläa durchgeschlagen, einige mögen sich bei Freunden in Jerusalem versteckt haben."

„Und die Frauen?", fragte Daja. – „Wir wissen nichts von ihnen", antwortete Andreas, „wir können nur hoffen, dass sie sich auch in Sicherheit gebracht haben. Immerhin waren sie nicht so als Anhängerinnen des Rabbis aufgefallen, wie wir Schüler. Wir müssen abwarten, wer in den nächsten Tagen noch hier auftaucht. Genug jetzt! Wir können uns nicht mehr auf den Beinen halten."

Auch wenn die Brüder nun in einen Schlaf der Erschöpfung sanken, war für die beiden Frauen nicht an Ruhe zu denken. Zu entsetzlich war das, was sie gehört hatten: Der Freund, der Lehrer hatte einen grausamen Tod erlitten. Er war ihnen brutal entrissen worden. Wie konnten sie weiterleben ohne ihn? Flüsternd wiederholten sie die unfassbare Nachricht. Langsam machte der Schrecken einer tiefen Trauer Platz. Nun flossen auch ihre Tränen. Eine unruhige Nacht senkte sich über das Haus am See.

Schon in der Morgendämmerung entfachten die beiden Frauen das Feuer im Hof und buken einige Fladen. Dann machte Daja sich auf zum Haus des Zebedäus. Dort wartete ja ihre Arbeit auf sie, und eventuell würde sie auch etwas über den Verbleib anderer Jesusjünger erfahren. Simon und Andreas blieben lange von einem unruhigen Schlaf umfangen, den sie nur unterbrachen, um Wasser zu trinken und einige Bissen herunter zu schlingen. Erst gegen Abend rappelten sie sich mühsam auf, säuberten sich und schüttelten den gröbsten Staub aus den Obergewändern. Als sie sich trübselig neben die Feuerstelle gehockt hatten, sprach Hanna ihren Schwiegersohn an. „Woher weißt du überhaupt, dass Jesus wirklich tot ist, wenn ihr geflohen seid? Es gibt Begnadigungen, sogar bei den Römern." Ohne aufzublicken murmelte Simon: „Als er verhaftet wurde, bin ich dem Trupp nachgeschlichen bis in den Innenhof am Palast des Hohenpriesters. Dort fanden das Verhör und diese abgekartete Gerichtsverhandlung statt. Die Wachsoldaten hatten Jesus geschlagen und in Fesseln gelegt. Ich sah ihn von fern. Aber dann fiel ich einer Sklavin auf, die den Männern ihr Bier brachte. Da packte mich die Furcht, ich brachte mich in Sicherheit. Auf Andreas stieß ich nicht weit von unserem letzten Schlafplatz in einem Olivenhain über dem Kidrontal". – „Die letzte Gewissheit bekamen wir unterwegs", ergänzte Andreas. „Als wir an einem Brunnen rasteten, überholten uns Pilger, die auf einem Maultierkarren unterwegs waren. Sie hatten von der Hinrichtung gehört. Allerdings waren sie dem schauerlichen

Spektakel fern geblieben. Die Römer lauern ja nur darauf, dass womöglich Angehörige sich durch ihren Schmerz verraten. Dann schnappen sie sich diese auch noch." – „Angeblich sei Jesus schnell gestorben. Er sei sogar noch vor dem Passa-Abend vom Kreuz abgenommen worden. Aber wer sollte das getan haben? Wir wagten nicht, uns durch Nachfragen in Verdacht zu bringen."

Schweigen senkte sich über die drei, bis Daja früher als sonst das Tor aufstieß und sogleich wieder sorgfältig verschloss. „Auch Jakobus und Johannes sind da", flüsterte sie, „sie haben sogar Levi mitgebracht, obwohl der ja hier kein Zuhause mehr hat. Sie verbergen sich nun im Haus ihres Vaters. Sie meinen, einige sind noch unterwegs oder suchen Unterschlupf am Arbel." – „Und Jakoba? Ist sie nicht bei ihren Söhnen?" – „Nein, keine Spur von den drei Frauen. Johannes sagt, sie hätten ja auch nicht mit euch am Ölberg übernachtet, sondern bei Geschäftsfreunden von Zebedäus in der Stadt." „Das stimmt", nickte Andreas, „trotzdem haben wir auch sie im Stich gelassen; dabei waren sie inzwischen wie Schwestern für uns geworden." Wieder spiegelte sich namenloses Elend in seinem Gesicht, und auch Simon verhüllte das Haupt mit dem Rand seines Übergewandes.

Es war Daja, die schließlich das bedrückte Schweigen brach. „Im Augenblick können wir nichts anderes tun als warten, bis wir auch von anderen erfahren, was aus ihnen geworden ist. Ich denke, ihr seid hier sicher. Es ist immerhin eine andere Provinz, auch wenn König Herodes nur Herrscher von Roms Gnaden ist und sich mit dem Kaiser gut stellen muss. Um einen armen Wanderrabbi wird er sich nicht weiter kümmern. Der ist bei den Großen dieser Welt bald vergessen." Simon zuckte zusammen: „Und wir hatten so große Hoffnungen." Seine Stimme verklang. Und niemand nahm den Faden auf. Zu sehr beherrschten Schmerz und Sorge die Gemüter.

In den folgenden Tagen zeigte sich, dass tatsächlich Weitere aus dem Schülerkreis sich nach Kapernaum durchgeschlagen hatten. Wer Verwandte im Dorf hatte, hielt sich unauffällig in deren Haus auf. Philippus und Thomas fanden Unterkunft in Betsaida, versprachen aber, mit den Freunden in Verbindung zu bleiben. Mit einem Tragkorb als Händler getarnt, wanderte der frühere Zelot Simon zum Haus des Joses. Als er dort seinen traurigen Bericht über die Ereignisse in Jerusalem gegeben hatte, ergoss sich eine Flut von Fragen über ihn. Warum war Jesus überhaupt dorthin gegangen? Wieso hatte er sich auf die Konfrontation mit den einflussreichen Priestern eingelassen? Und hätte es wirklich keine Möglichkeit gegeben, der Verhaftung zu entgehen oder sich gar zu widersetzen? Doch der ehemalige Kämpfer schüttelte nur resigniert den Kopf: „Die Stadt war voller Legionäre, die uns alle sofort festgenommen hätten. Dann hätten nur noch mehr Kreuze auf dem Galgenberg gestanden!“ Doch Simson ließ nicht locker: „Aber ohne Jesus stirbt nun auch unsere Hoffnung auf das Gottesreich in dieser Welt! Was bleibt von dem Traum eines Neubeginns für unser Volk? Wir werden uns alle zerstreuen wie Schafe ohne einen Hirten.“ Eli dagegen zog sich in stummer Verzweiflung ein Stück seines Obergewandes über das Gesicht.

Hanna und Daja hatten es übernommen, den anderen Frauen die schreckliche Nachricht noch am selben Tag zukommen zu lassen. Sie hatten sich in Rifkas Hütte getroffen. Nur stammelnd vermochten sie weiterzugeben, was sie bisher von den Jüngern gehört hatten. Stummes Entsetzen breitete sich aus. Schreckensbleich starrte Rahel die Freundinnen an. Abwehrend hob Joana die Hände, während Dina sie verzweifelt rang. Erst nach und nach fanden sie auch Worte, um der Trauer freien Lauf zu lassen. „Das darf nicht wahr sein“, klagte Joana. „Wie sollen wir leben ohne ihn? Bei ihm fanden wir unsere Kraft und unser Heil!“ – „Er war der Bruder, der uns den Weg zum himmlischen Vater zeigte, jetzt gähnt da ein Abgrund“, jammerte Dina. Rahel, ein Schatten ihrer selbst, wurde von tonlosem Schluchzen geschüttelt. Hanna zog sie in ihre Arme, bis sie sich ein wenig beruhigte. „Er hätte nie fortgehen dürfen von unserem See", flüsterte sie dann. „Wir hätten ihn festhalten müssen, statt ihn ins Verderben rennen zu lassen!" – „Von allen verlassen ist er gestorben! Und für uns gab es keinen Abschied, nicht einmal für den Toten konnten wir etwas tun", murmelte Daja. „Wir können nur weinen, weinen, weinen", seufzte Rifka. Und das taten sie, bis ihre Tränen vor Erschöpfung versiegten.

Da keinerlei Nachrichten über weitere Verhaftungen die Runde machten, trauten sich Simon und Andreas schließlich an den See zu ihrem Boot. Einige morsche Planken mussten ersetzt werden, ehe sie es wieder zu Wasser lassen konnten. Doch vorher zog ein neuer Sabbat herauf, den sie unbedingt einhalten mussten. An ihm stellten sich nach und nach immer mehr der Freunde in Simons Haus ein: Auch Jakobus und Johannes, die sich schon wieder zu einem nächtlichen Fischzug auf den See gewagt hatten, hatten die Netze zum Trocknen aufgehängt; Levi, Bartholomäus und Thaddäus trafen ein. Hanna atmete auf, als endlich auch Joana, Rifka und Dina ankamen und ihren Anteil an der Bewirtung so vieler Gäste übernahmen.

Nachdem alle miteinander die Brotfladen und eine Fischsuppe geteilt hatten, ergriff Simon als Hausherr zögerlich das Wort. „Ich weiß nicht aus noch ein", bekannte er, „ich bin verzweifelt über Jesu Tod. Wie sollen wir weiterleben ohne ihn!" – „Ich vermisse ihn so", klagte Thaddäus, „er war unser Lehrer in allen Dingen." –„Mehr als das", rief Levi aufgeregt aus, „er war mein Leben, nachdem er mich aus dem alten herausgeholt hatte. Wo soll ich hin ohne ihn, ohne seine Worte und Weisungen?" – Mit rauer Stimme setzte Jakobus an: „Wir Brüder gehörten zu den ersten, die er zu sich rief. Wir verließen alles und folgten ihm auf einem neuen Weg. Er hat uns begeistert mit seiner Hoffnung auf die neue Weltzeit, die er anbrechen sah. Sie schien uns zum Greifen nahe, wenn Blinde und Lahme gesund wurden, wenn die Dämonen vor ihm die Flucht ergriffen." – „Das war doch schon das Gottesreich auf Erden, als wir mit ihm aßen und tranken", erklang es leise aus dem Hintergrund. „Und nun ist alles rabenschwarz.“ Erstaunt blickten die Männer auf die Frau, die sich in ihr Gespräch einzumischen wagte und nun errötend zu Boden blickte. Nur Levi sprang ihr bei: „Ja, Dina, das können am besten wir ermessen, die wir bis dahin zu den Ausgestoßenen gehörten.“ – „Warum nur musste es so enden“, nahm Johannes den Faden auf, „Jesus hat uns zwölf Schüler in die Nachfolge gerufen. Wir sollten die zwölf Stämme des alten Gottesvolkes abbilden. Aber wir sollten auch der Anfang eines neuen Israel sein, zu dem wieder alle gehören, die Reichen und die Armen, die Kranken und die Gesunden, die Frommen und die am Rande. Das hatte unter uns angefangen, aber nun ist es aus und vorbei.“

„Erlaubt mir alten Frau, auch etwas zu sagen“, ließ plötzlich Hanna sich vernehmen. Voller Achtung nickten ihr alle zu. „Zu euch zwölf Schülern sind andere dazu gekommen, die Geheilten, die Vertrauen zu Jesus und seiner Botschaft fassten, ja, und auch wir Frauen, denen er sich zuwandte. Auch für uns hat er ein Bild geprägt, das eine Bedeutung hat, als er uns seine ‚Familie‘ nannte. Hier in diesem Haus hat er das getan, genau da, wo wir nun wieder zusammen sind.“ – „Aber doch jetzt ohne ihn“, presste Andraes mit unterdrücktem Schluchzen hervor.

Fast unhörbar drang nun Rifkas Stimme in den Raum: „Wir Witwen wissen, dass Trauer ihre Zeit braucht. Ja, jetzt können wir nur klagen. Jetzt sind wir unsicher und voller Angst. Ein Leben ohne Jesus scheint uns nicht vorstellbar. Deshalb können wir heute auch nicht wissen, wie wir morgen oder in einer Woche weiterleben sollen. Wir können nur versuchen, den Schmerz auszuhalten. Und wir können versuchen, uns an einander festzuhalten. Deshalb lasst uns am nächsten Sabbat wieder zusammen kommen und miteinander über unseren Verlust sprechen. Das wird wehtun, und das wird uns helfen. Wer kann, sollte vorher zum Gottesdienst gehen. Es tut gut, vor dem Ewigen und Barmherzigen das Herz auszuschütten, auch ohne laute Worte oder Klagelieder.“

Dankbar nahm Simon den Trost der alten Frau auf, indem er anstimmte: „Du, Gott, bist unsere Zuflucht für und für."

6. Ich habe ihn gesehen

Es war eine stille Woche, die sich über einige der Häuser in Kapernaum senkte. Simon und Andreas arbeiteten verbissen an ihrem Boot. Nachdem die verfaulten Planken ersetzt waren, mussten undichte Stellen neu geteert und die alten Netze geflickt werden. Erst nach Tagen verkündete Simon: „Wenn der Sabbat vorbei ist, gehe ich wieder fischen."

Auch wenn sie bis dahin Begegnungen eher vermieden hatten, am Sabbat trafen alle wieder in Simons Haus zusammen. Auch Joses, Simson, Eli und sogar der ehemalige Einsiedler aus der Höhle waren dieses Mal zugegen. Die meisten hatten irgendetwas zu essen mitgebracht, das sie nun im Hof auf einem sauberen Tuch niederlegten. „Dankt Gott für diese Gaben", betete Simon, ehe sie das Brot miteinander brachen.

Dann richteten sich alle Blicke auf Rifka, als erwarteten sie von ihr den Beginn des Gespräches. „Ich habe die ganze Woche darüber nachgedacht, ob uns irgendetwas in unserer Verstörung helfen könnte. Da fielen mir die alten Klagelieder unseres Volkes ein. Schon immer haben sich ja Menschen an Gott gewandt, wenn sie nicht weiter wussten. Bitte, lasst sie uns singen, so gut oder schlecht wir können: ‚Aus der Tiefe rufe ich, Barmherziger, zu dir'." Zögernd fielen nach und nach alle ein. Und am Ende des Gesanges fühlten sie sich in ihrem Kummer verbunden und verspürten sogar einen gewissen Trost.

Nun nahm Hanna zögernd das Wort: „Als mein Mann gestorben war, fühlte ich mich zuerst nur verlassen und verzweifelt. Aber dann stiegen allmählich so viele Erinnerungen an ihn auf. Vielleicht wird es uns ähnlich gehen. Noch tut es nur weh, wenn wir an Jesus denken, doch irgendwann könnte es uns auch Frieden bringen, uns an ihn zu erinnern."

Noch ehe jemand darauf eingehen konnte, klopfte es leise an der Tür. Mit besorgter Miene öffnete Andreas sie einen Spalt weit und prallte verblüfft zurück. Drei verhüllte Frauen drängten rasch an ihm vorbei in den Raum. Tief aufatmend warfen sie ihre Kopftücher ab. Es waren Mirjam, Jakoba und Salome! Alle scharten sich sofort aufgeregt fragend um sie, bis Simon zur Ruhe rief und drei Schemel an die Feuerstelle rückte. Doch Mirjam setzte sich nicht. Mitten im Raum stehend breitete sie die Arme aus und rief mit lauter Stimme. „Jesus lebt! Ich habe ihn gesehen!“ Ungläubiges Raunen und Kopfschütteln antworteten ihr. Doch Salome sprang ihr bei. „Wir alle drei können es bezeugen. Ein Bote Gottes hat es uns gesagt!“

Nun überschlugen sich die Fragen und Einwände. „Aber wir waren doch bei der Verhaftung dabei!“ – „Und wir hörten genau, wie Pilger aus Jerusalem von seiner Kreuzigung berichteten.“ – „Die haben wir sogar mit eigenen Augen angesehen“, flüsterte Salome. – „Um Himmels willen, dann wart auch ihr in Todesgefahr“, presste Hanna hervor. – „Wir hielten uns ganz am Rand der Menge auf, die sich auf dem Hinrichtungsplatz drängte, aber wir konnten den Freund doch nicht einfach allein lassen. Ach, es war entsetzlich, ihn leiden zu sehen.“ – „Sie hatten ihn mit Schlägen so geschunden, dass er furchtbar geschwächt war. Aber so trat der Tod wenigstens rasch ein“, ergänzte Jakoba. Alle schwiegen ergriffen, um den Frauen das Wort zu lassen.

Tief atmend fuhr Salome fort: „Joseph aus Arimathäa war so mutig, Pontius Pilatus um den Leichnam zu bitten. Der Statthalter wollte wohl möglichst schnell einen Schlussstrich unter den ‚Fall Jesus' ziehen. Jedenfalls erlaubte er tatsächlich, dass Joseph und sein Freund Nikodemus den Körper vom Kreuzesbalken lösten. Sie gaben uns mit Blicken zu verstehen, dass wir ihnen unauffällig folgen sollten. So waren auch wir dabei, als Joseph den Leichnam in ein Leinentuch hüllte und in eine Seitenkammer seiner eigenen Grabanlage schob. Sie brauchten alle Kraft, um die mit dem schweren Rollstein zu verschließen.

Danach hat Nikodemus uns auf Umwegen zurück nach Jerusalem gebracht, ins Haus einer Maria, die sich für die Botschaft Jesu interessiert hatte, wie er selbst auch. Wir haben kaum ein Wort miteinander gewechselt. Wir waren wie betäubt von Schmerz und Verzweiflung. Den ganzen Sabbat über ließen sie uns in Ruhe. Eine Sklavin brachte uns ein wenig Brot und Wasser, damit wir bei Kräften blieben. Und so haben wir miteinander geweint und geklagt."

„Aber dann", löste Mirjam die Freundin wieder im Erzählen ab, „dann bedachten wir, dass wir ja Jesu Körper weder gewaschen noch gesalbt hatten. Nicht einmal die einfachsten Liebesdienste hatten wir befolgt. Wir hatten ein wenig Salböl bei uns. Damit machten wir uns noch vor dem Morgengrauen auf den Weg zum Felsengrab. Ich weiß nicht, wie wir in den Gang mit den Grabkammern vordringen wollten. Nie hätten wir den Rollstein bewegen können." – „Aber", fuhr nun wieder Jakoba fort, „als wir vor der Felsenwand standen, lag er schon an der Seite. Dann erblickten wir die schimmernde Gestalt eines jungen Mannes, der sagte: ‚Habt keine Furcht. Jesus ist nicht hier. Er ist vom Tode auferweckt!' Natürlich waren wir zutiefst erschrocken. Wir verstanden nichts, wir rannten davon, so schnell wir konnten." „Ja, diese Worte waren einfach unfasslich", bestätigte Mirjam. „Doch als wir uns ein Stück weit entfernt hatten, blieb ich stehen. Es ließ mir keine Ruhe. Was war wirklich mit Jesus geschehen? Ich musste ihn finden. Zitternd vor Furcht kehrte ich um zu dem Garten, in dem der Grabesfelsen lag. Und da plötzlich: War es ein Lichtschein? Sah ich ein Traumbild? Ich sah Ihn! Es war die Gestalt Jesu. Er war lebendig und unverletzt. Und: Er rief meinen Namen. Wie betäubt sank ich zu Boden. Er aber sagte: ‚Mirjam, steh auf und geh zurück zu den anderen. Sag ihnen: Ich lebe! Auch sie werden mich sehen!' Da verließ ich das Grab. – Was auch immer geschehen sein mag: Dort finden wir Ihn nicht."

Fassungslos hatten alle dem Bericht der drei Frauen gelauscht. Niemand wagte, das Schweigen zu brechen. Doch schließlich flüsterte Johannes: „Das geht über meinen Verstand. Aber wenn es wahr wäre!" – „Was sollte das bedeuten: ‚Er ist auferweckt'?", murmelte Andreas. „Vielleicht", Simon suchte nach Worten, „dass Jesus jetzt bei Gott ist?" – „Ja", stimmte Mirjam zu, „so versuche auch ich es zu begreifen: Gott hat ihn zu sich aufgenommen in den Lichtglanz seiner Herrlichkeit. Vielleicht genügt es vorerst, wenn wir uns daran halten."

Wieder senkte sich Schweigen über den Raum, als versuchten alle der unerhörten Botschaft nachzusinnen. Schließlich meldete sich Jakobus: „Wie gern würde auch ich Jesus sehen! Aber wo könnten wir ihm begegnen?" – „Natürlich hier am See, wo einmal alles begann", rief seine Mutter aus, „hier wird es auch weitergehen mit Jesus und seinem neuen Weg bei uns Menschen." Ihr Sohn wiegte den Kopf: „Ihr drei Frauen scheint schon so gewiss zu sein, wo wir noch gar nichts verstehen. Wieso kommt ihr eigentlich erst jetzt zurück?" – „Wir haben Jerusalem so schnell verlassen, wie wir konnten", erklärte Salome, „unterwegs trafen wir bald auf eine Pilgergruppe aus Familien, die wegen der Kinder nur langsam voran kam. Denen schlossen wir uns an. Wir empfanden das als Schutz und Tarnung für den Fall, dass wir zuvor in der Stadt doch aufgefallen wären." – „Sehr vernünftig", sagte Daja, „wir waren in großer Sorge um euch. Aber nun seid ihr ja da. Und mit welch einer Nachricht! Ich brauche Zeit, bis die bei mir ankommt! Und ihr braucht Essen und Wasser für eure geschundenen Füße." Dankbar sank nun auch Mirjam auf den Schemel am Feuer, und alle drei ließen sich von Daja und Hanna versorgen.

Allerdings zeigte sich bald, dass die drei Frauen von ihrem Rückweg ebenso übermüdet waren, wie es die Männer von der Flucht gewesen waren. „Ich muss schlafen", seufzte Jakoba. Sofort erhoben sich ihre Söhne, um sie nach Hause zu begleiten.

Etwas verloren blickte Mirjam um sich: „Ich gehe nicht zurück nach Magdala. Was dort zurück blieb, hat nichts mehr mit meinem neuen Leben durch Jesus zu tun. Und Salome und ich möchten uns auch noch nicht trennen. Wir brauchen einander, um heraus zu finden, was nun mit uns werden soll." – „In meinem Wächterhaus im Weinberg könnten wir in der warmen Jahreszeit zu dritt wohnen", schlug Joana sofort vor, „allerdings ist es ein gutes Stück Weg bis dorthin." – „Und meine Hütte ist winzig, aber ich biete sie euch von Herzen an", sagte Rifka. – „Wir sind mit allem zufrieden", stimmte Salome rasch zu. Und so löste sich die Versammlung nach der Bitte um eine gute Nachtruhe auf.

Wenn in Kapernaum etwas von der Rückkehr der Jüngerinnen Jesu bekannt geworden war, so zeigten die Dorfleute jedenfalls keine Neugier. Alle gingen ihren üblichen Beschäftigungen nach. Auch Simon und Andreas fuhren des Nachts zum Fischen aus. Ihren Fang brachten sie zur weiteren Verarbeitung in den größeren Betrieb des Zebedäus.

Eines Abends fing Rifka Daja auf deren Heimweg ab und raunte ihr zu: „Salome und Mirjam kommen wieder zu Kräften, so wenig ich ihnen zu Essen bieten kann. Sie räumen die alten Ölkrüge und Geräte im Schuppen auf. Wenn wir den neu verputzen, gewinnen wir einen richtigen zweiten Schlafraum." – „Weißt du etwas von Rahel? Die haben wir seit Tagen nicht gesehen?" – „Das ist schon in Ordnung. Rahel wird daheim gebraucht. Ihre Mutter ist ausgeglitten und hat sich den rechten Arm böse verstaucht. Ich habe ihr Kräutersalbe für kühlende Umschläge gebracht. So konnten wir ein paar Worte wechseln. Doch was ist mit den Männern?" – „Sie sind hin und her gerissen zwischen Zweifeln und Hoffen. Äußerlich beansprucht die Arbeit sie ganz und gar. Aber in ihrem Innern überschlagen sich die Gedanken und Gefühle: ‚Wieso hat sich Jesus den Frauen gezeigt? Wie konnten sie überhaupt der Angst und Gefahr trotzen und in seiner Nähe bleiben?' Das fragen sie sich. Ich denke, keiner von ihnen wird je verstehen, wie sehr gerade Mirjam an ihrem Rabbi hängt. Ich würde gern mit ihr sprechen, sobald wir uns wieder treffen können."

Doch am Sabbat besuchten die Fischer und ihre Familien und die übrigen Freunde Jesu nur den Gottesdienst, ohne sich gesondert zu treffen. Ein gespanntes Warten schien über allen zu liegen. Als am Ende der darauf folgenden Nacht die Boote auf das Ufer zuhielten, stieß Andreas plötzlich einen leisen Schrei aus. Sofort hob Simon den Blick. Von einer kleinen Bucht schien ein Lichtschein auszugehen. Auch Jakobus und Johannes, deren Boot ihnen folgte, hatten offenbar etwas erspäht und hielten auf den Uferabschnitt zu. Brannte da ein Feuer? Stand da eine Gestalt im ersten Frühlicht des Morgens? „Er ist es!", rief Johannes mit halber Stimme. „Wirf den Anker", schrie Simon dem Bruder zu, dann sprang er ins Wasser und schwamm mit langen Zügen an Land.

Später erschien es ihnen, als habe in jenen Wochen nach dem unglückseligen Passafest in Jerusalem ein neuer Abschnitt ihres Lebens begonnen. Sie versuchten nie, ihre Begegnungen mit Jesus mit Begriffen wie Vision oder Erscheinung zu benennen. Sie hatten die Gewissheit gewonnen, dass Gott ihn aus dem Tod in ein neues unbeschreibliches Leben in seine Himmelsräume erhoben hatte. Und dass er zugleich bei ihnen war in einer Weise, die sie ebenso wenig erklären konnten. Sie wussten nur, dass ihre Trauer umgeschlagen war in Freude, dass ihre Furcht der Begeisterung gewichen war und dass ihre Hoffnung auf Gottes Nähe neu erblüht war.

Sie rückten so eng zusammen, wie es möglich war, ohne im Dorf Anstoß zu erregen. Wie von selbst hatte es sich ergeben, dass die Fischer und Levi sich in Simons Haus trafen, wohin auch die Frauen weiterhin kamen. Auch Rahel war an einem Sabbat wieder erschienen, hatte sich aber angesichts der größeren Versammlung sehr still verhalten. Dass die anderen Männer ihre ‚Vereinstreffen' wieder aufgenommen hatten, zeigte sich, als diese Jakobus eines Tages zu sich einluden, um von ihm Genaueres über die neuen Begegnungen mit Jesus zu erfahren. „Wir müssen eine Art finden, von ihm zu reden, die auch Menschen verstehen, die den Rabbi nicht selber gekannt haben", überlegte Jakobus nach jenem Treffen. „Denn wir müssen seine Botschaft von der Menschenliebe Gottes weiter tragen. Das sind wir ihm und unserem Volk Israel schuldig. Sonst wäre er ja umsonst gestorben." – „Aber warum musste er überhaupt diesen furchtbaren Tod erleiden?", fragte Hanna. „Es gab schon vorher Propheten, die verfolgt, ja sogar getötet wurden", erklärte Johannes. „Und denkt an die Märtyrer zur Zeit des Aufstandes von Judas Makkabäus. Wegen ihrer Treue zum Gesetz bis in den Tod hat Gott damals unserem Volk seine Schuld vergeben. Wenn es der Auftrag Jesu war, Gottes Volk in unserer Zeit in ähnlicher Weise wieder aufzurütteln und zu sammeln, dann ist er ebenfalls diesen Weg bis zum Ende gegangen, ohne dem Leiden auszuweichen." – „Dass er sich als einen Boten des Höchsten am Wendpunkt der Zeit sah, das haben wir selber miterlebt. Erinnert ihr euch an sein geheimnisvolles Wort, als er einmal kurz seine Zeit in der Wüste erwähnte: ‚Ich sah, wie der Widersacher Gottes aus dem Himmel vertrieben wurde und machtlos ins Bodenlose stürzte'. Weil er das erlebt hatte, konnte er all die bösen Kräfte bannen und besiegen, die sich noch in Kranken austobten. Und die wussten das auch!" – „Dann müssen wir fest darauf vertrauen, dass diese Macht zum Guten jetzt nicht aus der Welt gewichen ist, sondern weiter wirkt, vielleicht sogar durch uns." – „Ja, ja, genau so ist es", rief plötzlich Daja laut, „wie ihn sein Vater im Himmel zu uns gesandt hat, so sendet er nun uns zu allen in Israel, die noch immer nichts von der Güte und Barmherzigkeit Gottes wissen." – „Und zu den Geplagten und Verzweifelten, wie ich eine war", ergänzte Rifka. – „Darüber müssen wir weiter nachdenken", wandte Levi vorsichtig ein. „Wir sind keine Ausleger der Heiligen Schriften, nur kleine Leute aus Galiläa. Jesus kannte sich aus bei Mose und den Propheten. Von uns kann kaum einer lesen, auch wenn wir die wichtigsten Gebote und ein paar Psalmen auswendig können." – „Wir werden lernen", schlug Simon vor, „vielleicht machen wir uns eines Tages auf und suchen in Jerusalem Nikodemus und diesen Joseph, von denen die Frauen erzählt haben. Sie sind Gelehrte, und sie scheinen so etwas wie heimliche Schüler des Rabbis gewesen zu sein. Aber noch bleiben wir hier beieinander und versuchen zu verstehen, was Jesus jetzt von uns will.“ – „Ganz sicher will er, dass wir zum Vater beten, wie wir es von ihm gelernt haben“, beendete Joana das angestrengte Nachdenken. Und so erhoben sie alle vertrauensvoll ihre Hände.

7. Die Familie Gottes

Nach kurzer Zeit begann sich bei den Treffen der Freunde und Freundinnen Jesu eine feste Form heraus zu bilden. Nach dem Gebet in der Synagoge fanden sie sich in Simons Gehöft ein. Die gemeinsame Mahlzeit bestand aus dem, was alle beisteuern konnten. Schon wenn Simon das Brot brach, um es unter sie zu verteilen, kamen allen unwillkürlich die Mahlzeiten in den Sinn, die sie mit ihrem Lehrer gehalten hatten. So war es nur zu natürlich, dass bald irgendjemand eine Frage stellte: „Weißt du noch die Geschichte vom Senfkorn, die Jesus einmal erzählt hat? Erinnert ihr euch an den Blinden in Jericho, der Jesus so verzweifelt nach schrie?“

Doch aus dem Erinnern ergaben sich auch immer wieder neue Fragen.

„Habt ihr eigentlich verstanden, warum Jesus dem lahmen Joses damals zuerst seine Schuld vergab, ehe er ihn heilte?“, fragte eines Tages Daja. – „Als er mir neulich half, die Netze zu flicken, habe ich gewagt ihn zu fragen“, gestand Johannes. „Da kam eine lange Geschichte zu Tage. Er hatte einen Verwandten bei einem Handel böse übervorteilt. Später tat es ihm leid. Doch ehe er es wieder gut machen konnte, hatte er den schweren Unfall, der seine beiden Beine lähmte und ihn ans Haus fesselte. Und stellt euch vor: Ausgerechnet jener Vetter war einer der Träger, die Joses zu Jesus schleppten! Er meinte sogar, Jesus habe zunächst mehr diese hilfreichen Männer und ihre Zuversicht auf Hilfe beachtet als ihn. Joses jedenfalls war es ganz klar, dass erst die alte Schuldenlast aus seinem Leben getilgt werden musste, ehe er wieder auf die Beine kommen konnte.“ – „Jesus war es eben wichtig, dass wir in Frieden und Eintracht miteinander leben. Mehr als einmal hat er uns eingeschärft, das wichtigste Gebot sei: ‚Liebe deine Mitmenschen wie dich selbst‘. Da war er sich einig mit dem frömmsten Ausleger des Gesetzes“, bekräftige Jakobus.

Nun meldete sich Rahel zu Wort: „Mutter Hanna, du hast neulich ein Wort Jesu an uns, die ihm folgen, wiederholt: ‚Dient einander mit euren Gaben‘. Wie ist das gemeint?“ – „Nun, ‚dienen‘ heißt doch wohl, dass bei uns keiner über einen anderen herrscht. Simon ist zwar nach außen hin das Oberhaupt unseres Haushaltes. Aber er gibt mir, Daja oder seinem Bruder keine Befehle, sondern wir sprechen miteinander ab, welche Pflichten wir jeweils übernehmen.“ Salome ergänzte: „Schon als wir mit Jesus wanderten, habt ihr Männer gelernt, uns Frauen zu respektieren, weil der Rabbi selber uns als gleichwertige Schülerinnen anerkannte. Und das setzen wir nun fort, wenn bei unseren Treffen alle zum Gespräch beitragen und einander zuhören und ernst nehmen. Ich fände es allerdings schön, wenn auch ihr, Daja oder Hanna, ab und zu das Brot brechen und austeilen würdet. Dann würde mir die Suppe noch besser schmecken, die ihr immer so vorzüglich bereitet.“ Alle lachten und auch Simon senkte zustimmend den Kopf.

„Dass ihr miteinander anders lebt, als es zum Beispiel in einem großen römischen Haushalt voller Kinder und Sklaven zugeht, ist eine Sache“, führte Joana den Gedanken fort. „Ich denke auch an mich, die geschiedene Frau, und an dich, Rifka, als Witwe. Wir stehen sonst im Ansehen auf der untersten Stufe, aber bei euch haben wir unseren Platz in unserer kleinen Gemeinschaft. Ihr seid wirklich unsere Familie, so wie Jesus sich das vielleicht vorgestellt hat, als er uns seine Geschwister nannte. Ihr könnt nicht ermessen, wie viel mir das bedeutet.“ – „Und mir erst“, ergänzte Levi sofort. „Als Zöllner gingen mir alle aus dem Wege und unterstellten mir Betrug und Habgier bei meiner Zollerhebung. Jesus sprach mich an, ehe ich die aufgegeben hatte und kam sogar in mein Haus. Für ihn gehörten eben alle in Israel zu Gottes Volk, nicht nur die Rechtschaffenen, die die Gebote penibel einhalten. Darüber war ich so begeistert, dass ich auch dich, Dina, damals zum Festmahl mit dem Rabbi eingeladen hatte. Ich bin froh, dass du hier auch dabei bist."

Verlegen senkte er nun doch den Kopf, und auch Dina blickte errötend zu Boden. „Du spielst auf meinen Beruf an", begann sie zögernd. „Viele Männer kommen zu uns ‚Schankmädchen', etwa wenn ihre eigenen Frauen die unreinen Tage haben oder eine Schwangerschaft verhüten wollen. Aber auch uns unterstellen sie, wir würden sie bestehlen oder übervorteilen. Deshalb sind wir so schlecht angesehen. Ich würde gern eine andere Arbeit annehmen, doch wer gibt sie mir? Wir alle sind gleich arm und bringen uns gerade so durch." – „Sogar mein Vater Zebedäus mit seinem Fischerei-Betrieb muss mit jedem Denar rechnen", warf Jakobus sofort ein. „Oft kann er seine zusätzlichen Tagelöhner nur für einen Tag einstellen. Aber dann haben sie wenigstens für ihre Familien das Brot für diesen einen Tag verdient." – „Und ich", nahm wieder Joana den Faden auf, „drehe auch jede kleine Münze dreimal um, ehe ich sie ausgebe, damit die Mitgift, die ich bei der Trennung zurückbekam, so lange wie möglich für meinen Lebensunterhalt reicht. Wenn mein Weinberg wieder in Stand gesetzt würde und Ertrag brächte, könnte ich etwas von diesem Geld für uns alle zur Verfügung stellen." – „Davon haben wir Fischer leider keine Ahnung", sagte Andreas bedauernd. „Lasst uns endlich herum fragen, wer die Rebstöcke gründlich beschneiden könnte. Für die Arbeiten mit dem Boden und in der Ernte werden wir schon Arbeiter finden."

Nun mischte sich auch Mirjam ein: „Salome und ich hatten alle Brücken hinter uns abgebrochen, als wir dem Rabbi folgten. Auch für uns seid ihr jetzt die Familie mit dem Vater im Himmel als Haupt, wie Jesus es wohl gemeint hat. Aber für uns geht es darüber hinaus um die Frage, ob wir so ungebunden bleiben können, wie wir es waren, als wir alle mit Jesus unterwegs waren. Männer können sich dafür entscheiden, ehelos zu bleiben, auch wenn es ein ungewöhnlicher Lebensweg ist. Für mich kam wegen meiner jahrelangen Krankheit keine Ehe in Frage. Aber auch nach meiner Heilung kann ich mir nicht vorstellen, als Ehefrau und Mutter zu leben. Und Salome geht es ähnlich. Wir brauchen Zeit, um herauszufinden, wie unser Leben nun weitergehen soll." – „Vielleicht nicht nur ihr", kam es leise von Simon. Doch als die anderen ihn fragend anblickten, schüttelte er nur den Kopf.

„Ich möchte noch einmal auf Rahels Frage zurück kommen", meldete sich Johannes zu Wort, „vielleicht könnte ‚dienen' auch bedeuten, dass wir unsere besonderen Fähigkeiten für einander einsetzen. Wenn wir Geld hätten, dann würdest du, Levi, es verwalten, weil du damit Bescheid weißt. Wir Fischer tragen mit einem Teil unseres Fanges zu den gemeinsamen Mahlzeiten bei." – „Und wir Frauen kochen sie, oder was traust du uns sonst zu?", erkundigte sich Hanna. „Ich weiß genug von Heilpflanzen, um daraus Tränke und Salben zu bereiten", bemerkte Rifka, „nur bleibt mir dafür oft nicht genug Zeit bei meiner täglichen Sorge um das Nötigste zum Leben." – „Und wenn wir dafür eine Lösung fänden?", überlegte Daja. Doch Johannes verfolgte eine andere Spur. „Der Rabbi hat so oft Worte der Heiligen Schriften zitiert, denn er hatte gelernt, sie zu lesen und aus dem Gedächtnis aufzusagen. Bei mir ist fast nichts hängen geblieben vom Unterricht in der Synagoge. Wer täglich auf den See hinaus muss, hat keine Zeit zum Studieren."

„Ich kann lesen", murmelte Rahel. Verblüfft starrten alle sie an. „Wenn mein Vater es den großen Brüdern beibrachte, habe ich zugehört und auch die Buchstaben geübt", bekannte sie schüchtern, „und ich kann viele Psalmen auswendig." – „Dann haben wir jetzt eine, die unser Gebet anleitet, wenn wir in Jesu Namen zusammen kommen", rief Simon begeistert aus. „Über all die anderen Fragen müssen wir weiter nachdenken. Ich gehe morgen nach der Arbeit zu Joses und Simson und frage, ob sie sich auch Gedanken über solche Fragen machen. Lasst uns jetzt dem barmherzigen Gott danken für unsere Gemeinschaft und ihn um eine ruhige Nacht bitten."

Da stimmte Rahel mit klarer Stimme an: „Dankt Gott, denn er ist freundlich und seine Güte währet von Ewigkeit zu Ewigkeit."

Tatsächlich machte sich Simon schon am nächsten Tag auf zum Haus des Joses, das am anderen Ende von Kapernaum lag. Er kehrte mit erstaunlichen Nachrichten zurück: „Joses ist gesund und kräftig, er betreibt mit seinem Vetter eine Sandalenmacherei, in der auch Simson manchmal hilft. Aber eigentlich hat der früher auf einem Weingut gearbeitet. Er traut sich zu, Joanas Weinstöcke wieder zum Tragen zu bringen. Allerdings braucht er von Anfang an einen tüchtigen Helfer, der den Boden zwischen den Pflanzen mit der Hacke auflockert und von den Disteln befreit, die sich dort inzwischen angesät haben. Da muss Levi ran. Es wird zwar eine Durststrecke im wahrsten Sinne des Wortes, bis Joana mit Gewinn rechnen kann. Aber das sind doch wenigstens gute Aussichten, nicht wahr? Übrigens trifft sich die Gruppe um die beiden auch am Sabbat zum Gebet und zum Brotbrechen. Sie kennen freilich nicht so viele Geschichten von Jesus wie wir und fragten dringend danach. Aber sie behaupten, sie hätten Jesu Stimme gehört! Gerade, als sie zu Beginn des Mahles den Segensbecher erhoben und sich zutranken, da habe er ihnen zugesprochen: ‚Wenn ihr hier versammelt seid in meinem Namen, dann bin ich mitten unter euch'. Sie waren erschrocken und hoch erfreut zugleich. Nun warten sie immer in Stille ab, ob Er wieder zu ihnen spricht."
„Tatsächlich", murmelte Hanna, „dann habe also auch ich mich nicht verhört, ich wagte nur nicht, davon zu reden. Ich habe nämlich Jesus von all unseren Sorgen und Fragen erzählt, einfach, wie man sich einem Freund anvertraut. Und da meinte ich deutlich zu hören: ‚Hanna, quäle dich nicht ab mit der Vorsorge für den morgigen Tag. Unser Vater weiß, was ihr braucht und wird es euch zur rechten Zeit schenken.' Mir fiel eine Last

von der Seele. Und nun strecke ich einfach die Hände aus und warte ab, wie Gott uns leiten wird in all unseren Unsicherheiten." – „Mir scheint, er beginnt schon damit", lachte Daja, „hören wir, was die Geschwister beim nächsten Treffen zu diesen Neuigkeiten sagen."

Doch ehe es dazu kommen konnte, überraschte Rahel sie mit der nächsten unerwarteten Nachricht: „Mein Vater Jairus lädt euch ein, nach dem Gottesdienst am Sabbat zu uns zu kommen. Eigentlich hatte er nur an die Männer gedacht. Aber ich habe ihm gesagt, dass die Frauen einfach dazu gehören. Die Mutter war froh, denn so kann auch sie dabei sei. Sie wird für das Essen sorgen und ist mächtig gespannt auf euch Jüngerinnen des Rabbis!"

8. Bei Jairus

Am nächsten Sabbat trafen sich die Freundinnen und Freunde also zum Gottesdienst in der Synagoge. Danach schlossen sie sich Jairus an, der sie zu seinem nahe gelegenen Haus geleitete. Dort hatte seine Frau mit Rahel und einer Sklavin eine Mahlzeit aus Getreidebrei, jungen Bohnen und Gurken bereitet. Sogar mit Wasser vermischter Wein fehlte nicht. Jairus sprach Segenswunsch und Dankgebet und nötigte herzlich dazu, tüchtig zuzulangen.

Nachdem die Holzschüsselchen und Löffel eingesammelt und fort getragen waren, senkte sich erwartungsvolle Stille über den Raum. Jairus suchte sichtlich nach den richtigen Worten für den Gesprächsbeginn: „Wie ihr wisst, verdanken wir eurem Lehrer das Leben unserer jüngsten Tochter. Deshalb war ich auch tief betroffen über die Nachricht von seinem Tod. Dass ihr nun trotzdem so gefasst, ja freudig, wieder unter uns lebt, erstaunt uns. Andererseits hätte ich an den Rabbi Jesus viele Fragen gehabt, wenn wir ins Gespräch gekommen wären.

Denn was ihm nachgesagt wurde, waren – vorsichtig ausgedrückt – ungewöhnliche Ansichten über die Gesetze unseres Lehrers Mose. Umso mehr freut es mich, dass ihr euch zu den Versammlungen im Haus unseres Gottes haltet und auch miteinander betet, wie Rahel mir erzählt hat."

Da offenbar eine Antwort von ihnen erwartet wurde, begann Simon: „Jesus hat die Gesetze eingehalten. Sie waren für ihn gute Weisungen des Höchsten, die zum Leben führen. Mit anderen Auslegern war er sich einig darüber, das wichtigste Gebot lautet: ‚Du wirst Gott lieben mit ganzem Wollen und Fühlen und deinen Mitmenschen wie dich selbst.'" – „Und doch sind wir über die Einhaltung des Feiertages aneinander geraten", wandte Jairus ein. – „Der leidende Mensch stand ihm über dieser wichtigen Regel, das stimmt", gab Simon zu, „kein Kranker sollte einen Tag länger auf Heilung warten als nötig. Und wenn wir bei unseren Wanderungen über Land all zu sehr hungerten, durften wir auch am Sabbat nach Ähren suchen. Doch auch andere Lehrer finden dafür Beispiele in den Schriften." –

„Etwas ganz anderes war es mit den Weisungen für das Zusammenleben miteinander", mischte sich Johannes ein. „Du wirst nicht töten? Nein, du wirst nicht einmal abfällig über andere reden oder sie verachten. Wenn du immer die Wahrheit sagst, dann brauchst du auch nichts zu beschwören. Halte dein Auge im Zaum, dann wird dich kein Verlangen nach einer Frau plagen, die schon zu einem anderen Mann gehört. So strikt legte uns der Rabbi die Weisungen aus." Jairus hatte beeindruckt zugehört. „Aber ihr fastet nicht", wandte er nun ein. „Das ist doch eine gute Übung, um sich von bösen Einflüssen zu reinigen." – „Für Jesus war die Macht des Bösen gebrochen, denn Gottes Heilszeit steht nahe bevor. Wir leben schon in ihrem Anbruch. Da können wir ebenso wenig fasten, wie eine Festgesellschaft am Hochzeitstisch. Dass Jesus stärker war, als alle Kräfte des Unheils, das haben wir oft genug miterlebt – und du doch auch!"

Jairus schwieg lange. Schließlich brach es doch aus ihm heraus: „Aber sich selber hat er nicht helfen können. Rom hat ihn zu Tode gebracht, wie es uns alle täglich in seiner Gewalt hat und in Furcht und Abhängigkeit hält!“ – „Ja, Rom wollte ihn vernichten“, rief nun Jakobus aus. „Er war tot. Aber er lebt! Gott hat ihn auferweckt! Dessen sind wir ganz gewiss. Wir spüren seine Gegenwart bei uns. Wir hören seine Stimme in uns. Der Weg, den Gott mit ihm begonnen hat, geht weiter, hier in seinem Volk, hier auf seiner Erde!“ Jairus und seine Frau starrten die Jünger verblüfft an. Dann begannen sie beide zugleich zu sprechen: „Die Auferstehung der Toten kommt erst am Ende aller Zeiten!“ – „Rahel, Kind, glaubst du auch, dass Jesus lebt?“ – „Ja“, flüsterte Rahel, „er hat mir versprochen: ‚Ich bin bei dir, fürchte dich nicht.‘“

Dichtes Schweigen folgte diesem Bekenntnis. Erst nach einiger Zeit sprach Jairus leise weiter: „Über das alles muss ich nachdenken.“ – „Auch wir sind voller Fragen“, gab Simon zu. „Doch seit wir erfahren, dass der Lebendige neu zu uns spricht, hoffen wir auf seine Weisungen, damit wir in der Wahrheit und dem Leben bleiben, das wir bei ihm fanden.“

„So geht in Frieden“, beschied sie Jairus und blickte ihnen gedankenverloren nach.

Seit sich die Jünger und Jüngerinnen Jairus gegenüber zu Jesus bekannt hatten, standen sie auch sonst im Dorf freimütiger zu ihrem Zusammenhalt. Am nächsten Sabbat stellten sich in Simons Haus auch die Freunde des ‚Handwerkervereins‘ ein, ja sogar Thomas und Philippus waren von Betsaida hinab gewandert und hatten einen einstmals von Jesus geheilten Blinden mitgebracht, der zu ihnen gefunden hatte. Der Hof zwischen den Gebäuden war also mit Menschen so gefüllt wie in den Tagen, als Jesus selbst dort eingekehrt war.

Solange die Frauen in einem der Häuser verschiedene Gerichte aus Getreidekörnern und Kräutern zubereiteten, tauschten sie die wichtigsten Neuigkeiten aus. „Simson und Levi haben Berge von Disteln aus meinem Weinberg fort geschafft und den gröbsten Wildwuchs von den Rebstöcken geschnitten, auch wenn es dafür schon reichlich spät im Jahr war", berichtete Joana. „Nun bessern sie den Zaun aus. Ein paar Trauben zum Essen werden wir wenigsten ernten. Richtige Erträge kann es natürlich erst geben, wenn die Pflanzen wieder gut gepflegt werden." – „Mich hat gestern eine junge Nachbarin gefragt, ob auch wir Kranke heilen könnten, wie Jesus es getan hat", erzählte Rifka. „Bei ihrem ersten Kind wollte ein hohes Fieber nicht weichen, und sie war ratlos und voller Sorge. Zum Glück hatte ich noch das richtige Heilkraut für einen lindernden Trank in meinem Vorrat und konnte ihr zeigen, wie kühlende Umschläge die Hitze im Körper senken. Ich sagte ihr, ich habe keine Heilkräfte, wie der Rabbi sie hatte. Aber als ich das Kind versorgte, bat ich den Barmherzigen in Jesu Namen um seine Hilfe. Da hat sie mit offenen Ohren zugehört. Ich denke, sie wird weiter fragen." – „Wenn ich am Brunnen Wasser hole, dann trifft mich auch manch neugieriger Blick", ergänzte Salome, „doch noch spricht mich keine darauf an, warum wir wieder im Dorf sind und bei Rifka wohnen. Aber sicher schwirren Gerüchte über das Schicksal unseres Lehrers und über unser Leben in der Gegend umher."

Nach dem gemeinsamen Gebet und Essen ergriff wieder Simon als erster das Wort und berichtete allen von dem Besuch bei Jairus. „Menschen wie der Synagogenvorsteher müssen sehen, dass wir Jesusleute fest zu den wichtigsten Geboten und zu guten Sitten in unserem Volk stehen, gerade weil unser Lehrer damit auch frei umgehen konnte. Dann können wir uns Neuerungen leisten, hinter die wir nicht zurück fallen wollen, wie die Gleichwertigkeit von euch Schwestern bei uns." Bei diesen Worten bedachte er Daja mit einem liebevollen Blick. „Wer ab und an wieder fasten möchte, um Körper und Geist zu reinigen, den sollten wir jedenfalls nicht daran hindern." – „Ich fürchte", meldete sich Levi zu Wort, „den meisten Anstoß erregen wir, wenn wir von der Auferweckung Jesu sprechen: Wie kann ein Toter im Leben und bei uns sein?“ – „Das können wir ja selbst noch immer nicht richtig begreifen“, sprang ihm Jakobus bei. „Jesus starb am Kreuz wie ein verfluchter Übeltäter. Doch Gott hat sich auf seine Seite gestellt und ihm ein ganz neues Leben geschenkt. Nur so ist es doch möglich, dass er uns sichtbar begegnete, dass wir Worte hören, die er jetzt zu uns spricht.“ – „Ich denke es mir so“, Mirjam tastete vorsichtig nach Worten: „Als er mit uns lebte, hatte Jesus dieses felsenfeste Vertrauen zu seinem Vater in den Himmeln. Und der hat ihn festgehalten, sogar durch den Tod hindurch. Nun ist Jesus ganz nahe bei seinem Vater in dessen unerreichbarer Herrlichkeit – zugleich aber bleibt er auch uns nahe, weil er uns alle geliebt hat und weiter liebt, als der Freund und Bruder, als den wir ihn unter uns hatten.“ – „Mein Vater“, mischte sich Rahel ein, „liest immer wieder Worte aus dem Buch des Propheten Jesaja. Da ist die Rede von einem Gottesboten, der auch elend umkam, so dass selbst seine Schüler ihn für gestraft und ausgestoßen hielten. Erst nach seinem Tod begriffen sie: Gerade dieser scheinbar Gescheiterte war ein treuer Knecht des Höchsten, der wie stellvertretend Lasten auf sich nahm, die sonst andere getroffen hätten. Er scheint sich zu fragen, ob das Geschick unseres Lehrers ähnlich zu verstehen sein könnte. Bleibt bitte im Gespräch mit ihm.“ – „Danke, Rahel für diesen Hinweis“, sagte Philippus und nickte ihr zu, „Jesus konnte für seine Lehren und Taten immer wieder Worte der Heiligen Schriften heranziehen. Auch wir müssen sie uns besser aneignen, damit wir unseren neuen Weg in Gottes Wegen mit seinem Volk verankern.“

„Vor allem aber müssen wir bei der Guten Nachricht bleiben, die Jesus verkündet hat mit all seinen Worten und Taten: Gott ist nahe. Jetzt erbarmt er sich über seine Menschen und errichtet unter uns die Herrschaft seiner Gerechtigkeit und seines Friedens. Wo Menschen darauf vertrauen, da wird alles neu. Das muss nun unsere Botschaft an alle werden, mit denen wir zu tun haben“, rief Andreas begeistert aus.

„Wenn wir unseren nächsten Mitmenschen so begegnen, wie Jesus es tat, dann spricht das für sich", warf Salome ein. „Er sah die Leidenden, er konnte Traurige trösten und Verängstigten Mut machen. Er konnte sogar dazu helfen, Schuld zu bekennen und sich so von ihr zu lösen. Auch das ist ein Weg, auf dem wir ihm weiterhin folgen müssen, damit die Liebe des barmherzigen Gottes in der Welt bleibt, die durch ihn unter uns aufstrahlte."

„Wir müssen im Gedächtnis behalten, woran wir uns erinnern, vor allem seine Gleichnisgeschichten von Gottes Zuwendung zu uns. Sie sind wie Leitsterne, wenn wir an seiner Lehre festhalten und sie weitergeben wollen", führte Johannes die Überlegungen weiter. „Aber zugleich brauchen wir neue Weisungen für unser Zusammenleben im Alltag hier in Kapernaum. Wer immer Jesu Stimme hört, soll es den anderen berichten. Nur so können wir, die er zu sich rief, bei ihm bleiben."

„Zum Hören brauchen wir Stille. Denkt daran, wie oft Jesus sich zurückzog, um mit seinem himmlischen Vater zu sprechen", erinnerte Mirjam. „Auch unsere Herzen müssen ganz offen sein für die Anweisungen, die er uns geben wird."

„Dann lasst uns damit an diesem Abend beginnen", schlug Thomas vor. Es war ausgerechnet der ehemals Blinde, der schließlich flüsterte: „Jesus sagt: ‚Ich bin für euch wie ein Licht auf einem dunklen Pfad. Wer mir vertrauensvoll folgt, der wird nicht in die Irre gehen, sondern den rechten Weg finden.'"

Dankbar für dieses Versprechen stimmten sie das Gebet an, das ihr Lehrer ihnen hinterlassen hatte.

9. Das bunte Kleid

In der folgenden Woche gingen zunächst alle wie gewohnt ihrer Arbeit auf dem See, auf den Feldern und in den Häusern nach. Doch bald ergriff die Fischer und Levi eine seltsame Unruhe. Salome verabschiedete sich sogar schon am Wochenbeginn zu einem Besuch in ihrem alten Heimatdorf. Sie kehrte allerdings bereits am Tag vor dem Sabbat zurück. In ihrer Begleitung hatte sie eine junge Verwandte – und: Beide trugen schwer an einem großen Webrahmen!

Rifka schlug vor Erstaunen die Hände über dem Kopf zusammen. „Woher hast du den denn?“, rief sie aus. – Salome lachte über das ganze Gesicht. „Er gehört zu einer Erbschaft, die ich größtenteils verkaufte, als ich mich dem Rabbi anschloss. Das Geld hat uns bisher gute Dienste geleistet. Nun könnte es auch dieser Webrahmen tun. Ich kann weben und könnte eine andere Frau anlernen und eine erste Partie Wolle einkaufen. Die Weberei ist ein gutes Handwerk für Frauen, um damit ihren Lebensunterhalt zu verdienen.“

„Welch wunderbare Überraschung, wenn die Schwestern ihn sehen“, freute sich Rifka. Doch merkwürdigerweise erschienen Joana und Dina schon am Vorabend des Sabbats in der Hütte der alten Frau. Nachdem sie das Sabbatlicht entzündet, den Segen gesprochen und ein wenig Brot miteinander geteilt hatten, erklärte Dina seufzend den Grund ihres Besuches. „Ich mag einfach nicht mehr in der Schenke arbeiten“, gestand sie leise. „Wenn die Männer betrunken sind, beschimpfen und prügeln sie sich. Früher übersah ich das einfach. Aber nun macht diese Rohheit mich fast krank. Außerdem tut es mir weh, dass ich sie dazu bringen soll, die paar Pfennige zu versaufen, die den Frauen daheim zum Brot für die Kinder fehlen. Andererseits muss ich Geld verdienen, wo doch kein Vater oder Ehemann für mich sorgt.“ Mühsam schluckte sie die Tränen herunter, die ihr offenbar in der Kehle saßen.

„Wir alle haben so eben das Nötigste, um uns selber durch zu bringen“, murmelte Joana. Dann fiel ihr Blick auf den Webrahmen, und sie zog vor Staunen hörbar die Luft ein. Auch Dina wandte sich um. Ihre Augen wurden groß. „Welch ein schöner Rahmen! Wie lange habe ich so einen nicht mehr in der Hand gehabt!“ – „Du kannst weben?“, erkundigte sich Salome sofort. – „Ich habe es daheim gelernt, und meine Finger sind bestimmt noch geschickt genug. Wenn wir Garn und Gewichtsteine hätten, könnte ich es versuchen.“ – „Steine suchen wir uns am See. Allerdings habe ich Geld nur noch für grobe Wolle.“ – „Das macht nichts, grobe Wolle reicht erst einmal aus“, erwiderte Rifka, „denn auch grobes Tuch lässt sich sicher gut verkaufen; jedenfalls würde es bedeuten: Wir könnten selber Geld verdienen und uns allein versorgen.“ – „Aber ich muss zunächst wieder in Übung kommen. Lasst uns Wollreste suchen, aus denen ich ein Stückchen Tuch weben kann.“

Erst jetzt fiel Salome auf, dass Mirjam sich überhaupt nicht an ihrer Unterhaltung beteiligt hatte, und sie blickte fragend zu ihr hinüber. „Verzeiht meine Schweigsamkeit“, setzte die auch sofort an, „eure Pläne sind wunderbar. Aber ich bin mit meinen Gedanken ganz woanders: Ich kann nicht in Kapernaum bleiben. Ich muss mich wieder aufmachen und den Menschen von Jesus erzählen. Dass ich ihm begegnet bin, hat mein Leben von Grund auf verändert. Das sollen auch andere erfahren.“ Aufmerksam hörten ihr die übrigen Frauen zu. „Du kannst auf keinen Fall allein wandern“, wandte Joana ein, „du wärest zu vielen Gefahren ausgesetzt.“ – „Ich weiß“, stimmte Mirjam zu“, mindestens zu zweit müssten wir sein. Wir müssen es mit den Brüdern besprechen, wenn wir morgen zusammenkommen.“

Zum Glück konnte die Schar der Freunde und Freundinnen sich am nächsten Tag rasch zum Essen setzen, denn Simon und Andreas hatten viele Fische gefangen und Hanna und Daja hatten schon die nötigen Fladen als Zubrot gebacken. So blickten nach dem Dankgebet alle erwartungsvoll auf den Hausherrn. Doch es war Jakobus, der als erster sprach: „Johannes und ich verlassen euch. Jesus hat uns doch zu Boten der Guten Nachricht vom Gottesreich berufen. Wir sollen Menschen heraus ziehen aus dem Meer von Ungerechtigkeit und Gewalt, in dem so viele feststecken. Fische fangen können auch andere.“ – „Andreas und ich machen uns ebenfalls wieder auf“, ließ sich nun auch Simon vernehmen. „Daja möchte uns begleiten. Auch sie hat Jesus ja selber gekannt und kann Zeugnis von ihm ablegen. Und wenn wir von ihm erzählen, dann werden ihr die Frauen eher zuhören als uns Männern." – „Allerdings möchten wir dieses Mal unseren Aufbruch sorgfältiger vorbereiten und nicht alles stehen und liegen lassen wie damals, als der Rabbi uns vom Boot weg holte", ergänzte Andreas. „Mutter Hanna behält dieses Haus als ihre Bleibe, aber sie braucht Unterstützung für manche Arbeiten." – „Meine Hütte im Weinberg ist zum Wohnen sowieso zu kalt, wenn erst die Herbstregen einsetzen", warf Joana ein. „Wenn ich zu dir ziehen dürfte, wäre uns beiden geholfen." „Nehmt den Webrahmen gleich mit, denn Rifkas Häuschen ist zu eng, wenn wir ihn erst richtig aufstellen und in Gang bringen", schlug Salome vor. Auf die fragenden Blicke der anderen hin musste sie nun erst einmal von dieser neuen Entwicklung erzählen. „Dann werden wir wieder eine kleine Frauen-Gemeinschaft sein", überlegte Hanna. „Willst du dich nicht auch anschließen, Dina, damit du wirklich aus der Schenke herauskommst?" – „Nur zu gerne, wenn ihr es erlaubt", strahlte diese. „Wir versuchen es einfach. Und an den Feiertagen kommt ihr anderen Frauen weiterhin hierher, und wir brechen das Brot im Gedenken an Jesus und an unsere wandernden Geschwister."

Nun rückte auch Mirjam mit ihrem Wunsch heraus, sich als Botin der Guten Nachricht auf den Weg zu machen. „Auf keinen Fall allein", wandten die Fischer ein. „Du wärest Freiwild für Räuber und andere Übeltäter." – „Ich bleibe bei meinem Mann und der Arbeit in der Fischräucherei", bekannte Jakoba. Und auch Salome schüttelte den Kopf auf die fragenden Blicke der anderen hin. „Was ist mit den anderen Männern aus unserem alten Zwölferkreis?", erkundigte sich Johannes. Wir können bei Philippus und Thomas nachfragen, was sie vorhaben, und den Genossen am Arbel eine Nachricht zukommen lassen. Ich kenne einen zuverlässigen Jungen, der ab und zu Salzfisch in die Verstecke dort trägt. Es ist zurzeit ruhig im Land. Da können sie sich auch in Kapernaum blicken lassen, zumal sie ja keine Rebellen mehr sind.“ – „Levi, was ist mit dir“, erkundigte sich nun Daja, „du hast bisher zu all diesen Überlegungen geschwiegen.“ – „Ich sehe mich so gar nicht als wandernden Boten Jesu“, gestand Levi ein. „Ich würde lieber im Dorf bei denen bleiben, die sich ja auch als seine Nachfolger verstehen, selbst wenn sie nie mit dem Rabbi unterwegs waren. Sie haben so viele Fragen nach dem, was wir bei ihm gehört und gelernt haben. Und wenn ihr Frauen Hilfe braucht, wäre ich eine Art Bindeglied“, ergänzte er, wobei er ein wenig verlegen den Kopf senkte. „Das klingt vernünftig“, pflichtete Jakobus bei, „unser Vater beherbergt dich wohl weiterhin, auch wenn du kein Fischer und Helfer im Betrieb bist. Doch wovon lebst du dann?“ – „Ich kann schreiben und kenne mich aus mit den Bestimmungen des römischen Rechts. Wenn ich einen Stand als Schreiber aufmache, wird es sich herumsprechen, dass ich Briefe und Eingaben aufsetzen kann, falls die Leute meinen schlechten Ruf als früherer Zolleinnehmer inzwischen vergessen haben.“ – „Oh, die reden noch immer von deinem großen Festmahl damals, als du die Zollstelle verlassen hast“, beruhigte ihn Dina, „und davon, dass du Unrecht wieder gut gemacht hast. Das hat viele sehr beeindruckt. Warum sollte es also nicht gelingen mit einem Stand als Dorfschreiber?“

„Da haben wir einiges zu tun“, fasste Salome die vielen Überlegungen zusammen. Übrigens vergaß ich, euch meine Nichte Tamar vorzustellen. Sie hat so viele Geschichten über Jesus gehört, dass sie uns und unser Leben zu gern kennen lernen würde. Dass sie mir mit dem Webrahmen half, war ein guter Vorwand, um ihr den Besuch hier zu erlauben. Allerdings wird es langsam sehr eng in Rifkas Hütte.“

„Wir bitten den Vater im Himmel, dass er uns zu den richtigen Ratschlüssen leitet“, sagte Hanna. Und alle erhoben sich zu Psalmgesang und Gebet.

Nun begann eine rege Tätigkeit, um die verschiedenen Pläne in Taten umzusetzen. Der Webrahmen wurde im größten Raum von Simons Anwesen aufgestellt. Tatsächlich trugen die Frauen genug Wollreste zusammen, um Kettfäden zu spannen, die, mit dicken Steinen beschwert, jenseits des Balkens straff zu Boden hingen. Täglich bevor die Schenke geöffnet wurde, schlich Dina sich schon zum Rahmen und machte sich eifrig daran, den Querfaden durch die Kette zu führen. Bald ging es ihr wieder gut von der Hand, und das Gewebe wurde gleichmäßig und fest. Die anderen Frauen sahen ihr bewundernd zu. Salome allerdings machte sich darüber lustig, welch buntes Gebilde durch die zusammen gewürfelten Fäden entstand. „Dein Tuch hat ja ein Muster wie ein Narrengewand“, lachte sie, „wer sollte so ein buntes Kleid tragen?“ – „Ich finde, es ist genau so bunt wie unsere kleine Gemeinschaft von Frauen und Männern, die sich hier zusammen gefunden hat“, hielt Daja ihr entgegen. Wir sind Alte und Junge, Starke und Schwache. Wir versuchen, einander zu verstehen und zu unterstützen, so gut wir können, obwohl wir so unterschiedlich sind. Ein buntes Kleid – das wäre ein treffendes Bild für uns. Jesus würde sich daran freuen.“

„Mir kommt unsere Wahlfamilie vor wie ein gut angelegter Garten“, versetzte Joana, „da bieten die großen Pflanzen den kleineren Schatten, Blühten ziehen mit ihrem Duft Bienen an, andere vertreiben im Gegenteil durch strengen Geruch die Schädlinge. Manche Pflanzen brauchen viel Wasser zum Gedeihen, um andere muss man immer wieder den Boden auflockern. Wenn wir Frauen jetzt enger zusammen rücken, dann sollten wir noch einmal darüber nachdenken, wo jede von uns ihre besondere Begabung hat und was sie in unsere Gemeinschaft einbringen kann.“ – „Von dir würde ich erwarten, dass uns deine Erfahrung als Geschäftsfrau zu gute kommt, wenn wir erst Wolltücher und Wein anzubieten haben“, nahm Dina den Faden auf. „Du, Hanna bist unsere Hausmutter hier, auch wenn wir dir schwere Arbeiten abnehmen werden. Wenn wir abwechselnd für alle Essen bereiten, hätte Rifka mehr Zeit für ihre Heilkräuter und die Salben und Tränke daraus. Und wo siehst du deinen Platz, Salome?“ – „Ich werde dich am Webstuhl ablösen, wenn du einmal etwas anderes machen willst. Wenn wir Rohwolle kaufen, was billiger wäre, dann würde ich sie waschen und spinnen. Dabei kann Tamar helfen, solange sie bei uns bleibt. Außerdem hätte ich gern Zeit, um die Worte und Geschichten Jesu zu sammeln, an die wir uns erinnern, und sie mit Rahels Hilfe aufzuschreiben. Mirjam, brich nicht auf, ehe du noch einmal genau beschrieben hast, was du mit unserem Lehrer erlebt hast." – „Gern", versprach diese mit leuchtenden Augen.

Am Sabbat hatten sich wieder alle Jesusleute in Simons Hof eingefunden. Schnell zeigte sich, dass auch die Männer ihre Pläne weiter verfolgt hatten. In dunkle Mäntel gehüllt, saßen zwei ehemalige Zeloten in einer Ecke. Als sie die vertrauten Gesichter um sich bemerkten, entspannten sie sich sichtlich. „Wir passen nicht mehr zu den Kämpfern in den Höhlen. Sie sind so voller Wut auf die Römer, dass sie es kaum abwarten können, loszuschlagen oder wenigstens immer wieder Überfälle zu riskieren. Und wir haben nun einmal der Gewalt abgeschworen, als wir zu Jesus fanden. Trotzdem wäre es zu gefährlich, auf Dauer im Dorf zu leben. Wir ziehen hinüber ins Gebiet der Zehn Städte. Dort werden sich Menschen daran erinnern, dass wir schon mit Jesus da waren, und uns aufnehmen, wenn wir an seine Botschaft anknüpfen." - „Thomas und ich machen uns von Betsaida aus nach Norden auf den Weg", schloss Philippus sich an. „Auch wir Brüderpaare sind zum Aufbruch bereit", ergänzte Simon, „allerdings haben wir beschlossen, zunächst nach Jerusalem zurück zu kehren. Wir möchten die kennen lernen, die sich dort zu Jesus hielten, ohne dass wir davon wussten. Wir sind froh, dass einige von uns hier bleiben, so dass wir bei ihnen offene Häuser finden, wann immer wir zurückkehren." Schließlich ergriff auch Mirjam das Wort: „Ich begleite euch bis Betanien. Ich möchte Martha und ihre Schwester wiedersehen. Vielleicht zeigt sich dort, wohin mein Weg mich führen wird."

Nun berichteten auch die Frauen von ihren Absprachen. Die Brüder um Joses und Simson hörten aufmerksam zu. Offenbar hatten sie ebenfalls schon erwogen, sich fester zusammen zu schließen. Nur Rahel blickte traurig in die Runde. „Ich muss bei den Eltern bleiben, es ist schon viel, wenn sie mich zu den Gebetstreffen gehen lassen. Levi, vielleicht versuchst du, mit meinem Vater im Gespräch zu bleiben, wenn er dazu bereit ist."

Still erhoben sich alle, um den Vater im Himmel um seinen Segen für all ihre Vorhaben zu bitten.

10. Leben im Alltag der Welt

Der kleinen geschwisterlichen Gemeinschaft erschien ihr Leben sehr ruhig geworden zu sein, nachdem die Brüder aufgebrochen waren, die sich zu neuer Verkündigung der Guten Nachricht berufen fühlten. Doch bald bemerkten sie, dass sie von ihren Mitbewohnern im Dorf aufmerksam beobachtet wurden. Rifkas Nachbarin hatte offenbar anderen von deren erfolgreicher Hilfe während der Krankheit ihres Kindes erzählt. Und so wandte sich eines Tages eine ältere Frau an sie, deren Glieder dick angeschwollen waren und heftig schmerzten. Zwar konnte Rifka ihr mit einer Paste aus Öl und Kräutern keine völlige Heilung, sondern nur Linderung verschaffen, doch die Alte ließ sich die Behandlung dankbar gefallen und bewunderte Rifkas Geschick, mit dem sie die schmerzenden Stellen versorgte. Freilich hatte sie kein Geld zur Entlohnung. Doch für einen kleinen Tiegel weiterer Heilsalbe bot sie Rifka einen Korb Wolle an, den diese erfreut annahm. Noch am gleichen Tag machten sich Salome und Tamar danach, sie zu waschen und auf dem Dach des Hauses zu trocknen. Bald saß das junge Mädchen in der Hofecke im Schatten eines Feigenbäumchens und drehte gleichmäßig die Spindel. Nun konnte Dina es wagen, ihre Arbeit in der Schenke aufzugeben. Sobald genug Wolle gesponnen war, begann sie das erste neue Tuch zu weben. Auch wenn nur ein dunkler Wollstoff entstehen konnte, hatte sie doch sichtlich Freude an ihrem Tun.

Alle Frauen wechselten sich dabei ab, die Zwiebeln, Gurken und Melonen zu ernten, die nach und nach auf Hannas Feld reiften. Bohnen und Linsen legten sie wie die gesäuberte Wolle auf den flachen Hausdächern zum Trocknen aus, um sie dann sorgsam in großen Tonkrügen als Wintervorrat aufzubewahren. Von den Körnern des kleinen Gerstenackers mahlten sie an jedem Tag nur eine geringe Menge, damit sie möglichst lange für Fladen oder Brei reichen konnten.

Salome hatte übernommen, an jedem Morgen das Wasser beim Dorfbrunnen zu holen. Während sie mit ihrem Krug geduldig wartete, bis sie an der Reihe war, den Schöpfeimer herauf zu ziehen, musterten die anderen Frauen sie verstohlen. Schließlich sprach eine sie an: „Du warst doch bei diesem Zimmermann, der herumzog und Reden über Gott hielt. Was ist aus ihm geworden? Hält er sich jetzt anderswo auf, und wieso bist du wieder hier?“ – „Das ist eine längere Geschichte“, antwortete Salome freundlich, „darf ich dich am Sabbat besuchen, um dir davon zu erzählen?“

Die Frau stimmte zu. Und als Salome sie am Ende der Woche aufsuchte, wurde sie sogleich in den geräumigen Innenhof des Anwesens gebeten. Ein mächtiger alter Feigenbaum spendete willkommenen Schatten. Unter ihm hatte sich eine kleine Schar von Nachbarinnen versammelt, die sich die Gelegenheit für Neuigkeiten nicht entgehen lassen wollten. Mit der Spindel oder einer Flickarbeit in den Händen saßen sie erwartungsvoll beieinander. Kleine Kinder wuselten um sie herum, während die älteren sich von der Arbeit ausruhten, die auch sie täglich im Haus oder auf den Feldern verrichten mussten. Aus einem Nest auf dem Baum schrie die zweite Brut hungrig nach Futter, während die Altvögel mit Fliegen und Würmern herbei flogen. Hatte nicht Jesus ihnen diese Vögel einmal als Beispiel für Gottes Fürsorge vor Augen gestellt? Salome atmete tief ein, und dann begann sie mit ihrer Geschichte des Jesus aus Nazareth, der ihr Leben verändert hatte.

Auch die Schusterwerkstatt von Joses und Simson traf manch neugieriger Blick. Zwar konnten es sich nur Wohlhabendere leisten, sich neue Sandalen anfertigen zu lassen, doch auch wer alte zum Flicken brachte oder einen Lederriemen erwerben wollte, sah sich um oder stellte vorsichtige Fragen.

Eines Tages erschien der ehemals blinde Eli aus Betsaida mit unglücklichem Gesicht bei ihnen. „Ich komme nicht mehr zurecht mit meinen Verwandten“, gestand er traurig ein. „Zuerst hatten sie sich mit mir gefreut, als ich wieder sehen konnte. Ich war ja auch eine zusätzliche Arbeitskraft auf den Getreidefeldern. Doch leider bemerkte ich nun so manches, worüber ich mich ärgerte: Ein Vetter betrügt seine Frau bei jeder Gelegenheit. Die Schwägerin ist unfreundlich zu den alten und schwachen Eltern. Ich nahm meinen Mut zusammen und habe mich eingemischt, denn so verhält man sich doch nicht in unserem Volk. Da sind sie vielleicht über mich hergefallen! Ob ich fromm geworden sei wie einer von den Pharisäern, fragten sie spitz. Ich wagte zu antworten: ‚Seit Jesus mir die Augen öffnete, sehe ich wohl auch klarer, wie Menschen miteinander umgehen sollen.‘ Damit kam ich aber schlecht an. ‚Dann geh doch zu deinem Jesus‘, schimpften sie, ‚wir brauchen keine Moralprediger in der Familie!‘ Was mache ich nun? Ich könnte nur verleugnen, was ich für richtig halte, oder ich muss mir eine andere Bleibe suchen.“ – „Frage Joana nach Arbeit in ihrem Weinberg. Die Traubenernte steht kurz bevor, und du kannst währenddessen sicher im Wachturm wohnen. Dann müssen wir wieder alle miteinander nach einem Weg für dich suchen.“

Schon bald stellte sich der nächste Ratsuchende in der kleinen Männerrunde ein. Obwohl er noch sehr jung zu sein schien, wies ihn ein grob geflickter Mantel doch als einen jener Flüchtlinge aus, die sich in den Berghöhlen wegen ihrer Steuerschulden verbargen oder sich aus anderen Gründen einer Verfolgung entzogen. „Ich bin Abel aus Kana, stellte er sich vor. Mein älterer Bruder nahm mich mit, als er vor der drohenden Schuldhaft floh. Seitdem hausen wir droben am Arbel. Wir überleben durch Überfälle oder das Wenige, was Angehörige uns heimlich zukommen lassen. Es ist ein elendes Leben, doch ich sah keinen Ausweg. Aber dann tauchten die beiden auf, die eine Zeitlang mit euerm Rabbi gelebt hatten. Die machten nicht mehr mit, wenn es auf Raubzug ging. Die hatten gar keine Waffen mehr. Geteilt haben wir mit ihnen nur, weil sie wenigstens unsere Verwundeten versorgten und die Höhlen bewachten. Mir haben sie erzählt, dass sie nicht mehr zurückschlagen wollten, wenn einer sie angreift. Was haben wir uns die Köpfe heiß geredet mit ihnen: Wenn Gottes Gesandter kommt, wird er Israel befreien aus den Klauen der Römer? Wird wieder der Thron eines mächtigen jüdischen Königs in Jerusalem stehen, wie zu Davids Zeiten? Oder herrscht dann allein Gott, aber ohne Gewalt? Dann waren sie plötzlich wieder fort. Mir hatten sie von euch in Kapernaum erzählt. Wenn ich doch nur heraus könnte aus der Gewalttätigkeit, in die ich geraten bin." Erschöpft schwieg er.

In diesem Augenblick erschien Levi in der Tür. Abel musterte ihn misstrauisch: „Treibst du nicht Zoll ein für die Römer? Wie kannst du das deinem Volk antun? Wehe, du verrätst mich an die Soldaten!", sprudelte es angstvoll und wütend zugleich aus ihm heraus. – „Sachte, sachte", beschwichtigte Joses. „Levi ist kein Zolleinnehmer mehr. Denn auch ihn hat der Rabbi auf einen neuen Weg gerufen. Doch davon zu reden, hat Zeit. Iss erst einmal einen Bissen." Damit stellte er einen Getreidebrei auf den niedrigen Tisch zwischen ihnen. Gierig griff der Junge nach einer Schüssel. Als er sich gesättigt zurück lehnte, war auch der gehetzte Zug aus dem jungen Gesicht verschwunden.

„Eli, nimm Abel mit in die Hütte im Weinberg", schlug Simson vor, „da wird ihn so schnell niemand entdecken. Und du, Levi, besprich mit den Frauen, ob wir uns am nächsten Sabbat wieder einmal alle treffen. Wir müssen so viel klären, dass wir jeden guten Gedanken brauchen und möglichst auch Ermutigung durch Worte unseres Lehrers Jesus."

Die Frauengemeinschaft stimmte zu, und so füllte sich nach dem Gebet in der Synagoge Simons Hof nach und nach mit den Brüdern und Schwestern. Auch den Einsiedler, der noch immer am Rande von Betsaida hauste, hatte es wieder ins Dorf gezogen. Wortlos hatte Hanna ihm eine Schüssel mit Wasser gereicht, und nachdem er auch das struppige Haar und den Bart gekämmt hatte, war sein Aussehen einigermaßen gebändigt.

Als habe sie den Platz einer Hausherrin eingenommen, blickten alle auf Hanna. Sie stand auf, erhob die Hände und bat: „Jesus, leite du uns, damit wir so leben, wie es deiner Lehre entspricht. Sei bei uns mit deinem Geist und schenke uns Zuversicht und einen einträchtigen Sinn."

Offensichtlich ermutigt, begannen nun alle nacheinander ihre Fragen und Sorgen vorzubringen. Für Eli und Abel schien tatsächlich der Weinberg als Zufluchtsort geeignet zu sein, zumal die Rebstöcke besser getragen hatten als erwartet, und es weiterhin Arbeit in der Ernte gab. Dina konnte stolz das erste fertig gewebte Tuch vorweisen. „Wenn wir es nicht verkaufen können, müssen wir beim Tausch jedenfalls so viel neue Wolle wie möglich dafür einhandeln, um mehr Tuch herzustellen", entschied Joana. „Auch müssen wir Gerste erwerben. Wir brauchen sie einfach für unseren Lebensunterhalt neben allem, was Hannas Gemüsefeld einbringt."

Nun berichtete Salome von ihrem Besuch bei den Nachbarinnen. „Sie haben Jesus damals gesehen, wenn er hier in Kapernaum war. Es beeindruckt sie, wie wir nun miteinander leben. Aber ob sie wirklich verstehen, was uns zusammen hält und antreibt, das wird sich erst zeigen. Es steht nicht in unserer Macht, ob auch sie Vertrauen in Gottes Güte fassen."

Schließlich setzte auch Rahel wieder zum Reden an: „Mein Vater grübelt weiterhin darüber nach, dass wir von Jesus reden, als sei er lebendig und gegenwärtig. Als frommer Pharisäer hofft er natürlich auf die Auferstehung der Toten am Ende aller Zeiten. Aber er begreift sehr wohl, dass wir etwas anderes meinen. ‚Elia wurde am Ende seines irdischen Kampfes für den Ewigen in Gottes Welt gerufen', murmelte er neulich über der Schriftrolle. ‚Aber der war der Größte unter den Propheten. Gott wird ihn senden, ehe der Menschensohn erscheinen wird, um die neue Weltzeit herauf zu führen. So hat es Daniel versprochen.'" – „Hat nicht auch Jesus manchmal vom Sohn des Menschen gesprochen?", erinnerte sich Levi. „Aber meinte er dann einen Kommenden am Ende der Zeit? Oder verstand er sich selbst als *Menschensohn* mit der entscheidenden Botschaft für seine Zeit? Als wir einmal sehr hungrig nach einem Schlafplatz suchten, da sagte er: ‚Jeder Fuchs hat seinen Bau und der kleinste Vogel sein Nest, doch wo kann der Menschensohn seinen Kopf hinlegen?'" – „Und doch konnte er uns auch versprechen: ‚Frei dürft ihr sein von aller Sorge um Essen und Trinken, um Kleidung und Wohnung. Der Vater im Himmel weiß doch, dass seine Kinder das alles brauchen.'" „Schreib das auf, Rahel", bat Salome, „solch eine Mahnung dürfen wir nicht vergessen, denn sie ist ja auch eine wunderbare Zusage!"

Gerade als sie sich zum Segenswunsch sammeln wollte, erhob auch noch der Einsiedler seine Stimme: „Nachum bin ich", sagte er leise, „der Dämon, der von mir Besitz ergriffen hatte, nannte sich höhnisch ‚Legion', und das aus bösem Grund. Denn ein Trupp römischer Soldaten hatte mich auf dem Weg zur Feldarbeit abgefangen. Meilenweit musste ich ihnen schwere Waffen nachschleppen. Ehe sie mich freiließen, haben sie mich gequält und gedemütigt. Die äußeren Wunden verheilten, doch in meine Seele blieben Hass und Scham so tief eingebrannt, dass ich mich nur in jene Höhle verkriechen konnte, wo Jesus mich aufstöberte. Ja, er war stärker, sogar als die bösen Geister in mir. Er sah mich als den Menschen, der ich war, bevor ich in die Klauen des Bösen geriet. Ich werde langsam ruhiger. Doch immer noch fällt es mir schwer, Ortschaften oder Straßen zu betreten, wo mir noch einmal Legionäre begegnen könnten. Dabei möchte ich gern wieder unter Menschen leben." Traurig und sehnsüchtig zugleich blickte er in die Runde, während die anderen betroffen schwiegen.

„Erbarmender Gott", begann Rahel leise zu singen, „heile du mich, so werde ich heil, hilf du mir, so wird mir geholfen." –

Und Hanna rückte an die Seite Nachums und legte mütterlich den Arm um seine Schulter.

11. Geschwister in der Ferne

Die Sommerhitze war vorüber, und die Zeit der Olivenernte nahte, als eines Abends Levi an die Tür von Simons Haus klopfte. Freudig schwenkte er eine kleine Rolle: „Heute Mittag kam an meinen Schreiberstand ein Gewürzhändler, der auf der Strasse nach Damaskus unterwegs war. Er hatte einen Brief aus Jerusalem dabei. Er ist an uns alle gerichtet. Sollen wir mit dem Lesen warten bis zum Sabbat? Er hat mir schon ausgerichtet, dass er ihn von unseren Geschwistern bekam und dass die alle wohlauf sind!" So bezwangen die Frauen ihre Neugier, bis am Feiertag wieder alle bei einander waren.

Wie immer hatten möglichst viele etwas zum Essen beigetragen: Jakoba brachte salzige Fische mit, Rahel Fladenbrote, und Hanna hatte ein herzhaftes Kohlgemüse zubereitet. Erst nach dem Dankgebet entrollte Levi den Brief der Geschwister. Was diese zu berichten wussten, versetzte alle in Staunen. Simon und Jakobus war es gelungen, Nikodemus ausfindig zu machen. Der bestätigte ihnen, dass es auch in Jerusalem Anhänger Jesu gäbe, die von seiner Auferweckung überzeugt seien.

Besonders freimütig bekannte sich jene Maria zu ihm, bei der die galiläischen Frauen nach Jesu Tod Unterschlupf gefunden hatten. Sie und ihr Sohn Johannes Markus, ehemalige Großhändler aus Babylon und nun wohlhabende Hausbesitzer am Rande der Stadt, verstanden sich als Nachfolger Jesu, auch wenn sie nie mit ihm unterwegs gewesen waren.

In ihrem Haus trafen sich Männer und Frauen zu Gebet und Brotbrechen, die sich untereinander ebenso als Geschwister fühlten, wie die Galiläer in Kapernaum. Sie hatten die Fischer gebeten, eine Weile bei ihnen zu bleiben, um einander kennen zu lernen. Besonders Johannes Markus befragte sie immer wieder nach Worten Jesu, an die sie sich erinnerten. Diese notierte er dann eifrig auf alten sauber geschabten Pergamentbögen, die früher mit Bestellungen oder Rechnungen beschrieben gewesen waren.

„Erst war es schwer, wieder in dieser Stadt zu sein“, schlossen die Brüder ihr Schreiben, „denn Erinnerungen an die letzten Tage mit Jesus wachten auf und lasteten als Schatten über uns. Doch nun gehen wir täglich zum Gebet in den Tempel und treffen uns danach mit denen, die sich auf unseren Lehrer berufen. Noch ahnen wir nicht, wie unser Weg weiter gehen wird. Aber wir werden es euch wissen lassen und hoffen, auf irgendeine Weise auch von euch zu hören.“

Darum ließen sich die Geschwister nicht lange bitten. Levi rückte das übrig gebliebene Stück Papyrus eines misslungenen Briefentwurfes heraus. In einem langen Schreiben berichteten dann er und Rahel abwechselnd, wie es mit der kleinen Gemeinschaft am See weiter gegangen war. Mit den herzlichen Segenswünschen aller versehen, versiegelten sie den Brief. Jakoba sollte ihn verwahren, bis Händler eine Ladung gedörrten Fisch nach Judäa bringen würden. Dann, so hofften sie, würden sie auch wieder Neuigkeiten aus der Zionsstadt zu hören bekommen.

Doch es war Maria aus Jerusalem, die eines Tages einen Weg fand, mit den Frauen in Kapernaum in Verbindung zu treten. Ein Olivenhändler, der zu einem Großeinkauf angereist war, gab im Fischereibetrieb des Zebedäus den Brief ab. Sofort ließ Jakoba Rahel davon wissen, und noch am gleichen Abend las die den Schwestern beim Schein einer Öllampe vor: „Der Friede des Barmherzigen sei mit euch allen. Wir sind voller Freude zu hören, dass ihr Jüngerinnen Jesu treu zu euerm Lehrer haltet und die Hoffnung auf Gottes Kommen bewahrt. Das tun auch alle Geschwister, die sich in meinem Haus versammeln. Ebenso wissen wir es von den Schwestern Mirjam und Martha in dem Dorf Betanien. Dort kehrte Jesus auf seiner Wanderung durch Judäa ein. Auch sie haben Menschen um sich versammelt, die einst von Jesus geheilt wurden oder, von seinen Worten berührt, zu ihm Vertrauen fassten. In meinem Haus sind das vor allem solche, die einst wie auch ich an den unterschiedlichsten Orten des römischen Reiches lebten. Wir haben in unserer Zeit als Händler in Antiochia, Alexandria oder gar Rom mit fremden Glaubensweisen und Sitten Bekanntschaft gemacht. Vielleicht sind wir deshalb offener dafür, wenn auch der Glaube an unseren Gott in neuer Weise ausgelegt wird. So schien es uns jedenfalls Jesus mit seinen Geschichten vom Gottesreich zu tun. Auf jeden Fall konnte er sich den Menschen zuwenden, die ihm begegneten. Er sah sie als Kinder des einen Vaters, in dessen Haus die Türen allen offen stehen. Das erfüllt uns mit Zuversicht auf mehr Frieden in unserer Welt. Darum bitten wir, wenn wir in Jesu Namen zusammen kommen. Gern wüssten wir mehr darüber, wie ihr als Jüngerinnen Jesu euer Leben führt. Händler, die auf der großen Straße von Damaskus her unterwegs sind, werden unser Haus gewiss finden und uns Nachricht von euch übermitteln. Die Gnade unseres Gottes bewahre euch alle. Maria mit allen, die in ihrem Haus sind."

Staunend hatten alle zugehört. „Ob unser kleines Dasein hier im Dorf wirklich für solch weltläufige Menschen interessant ist?", fragte Dina zweifelnd. „Wir denken in Ruhe darüber nach, was wir von uns erzählen können", antwortete Joana. „Jedenfalls halten wir die Augen offen für durchziehende Karawanen. Wie weit bist du übrigens mit dem Tuch aus der braunen Wolle? Ich könnte es günstig an den Besitzer einer großen Ziegenherde verkaufen, der grobe Umhänge für seine Hirten sucht. Falls er mir sogar ein wenig Ziegenhaar überlässt, könnten wir auch einmal feineres Tuch herstellen." – „Morgen Abend kann ich es wohl vom Webrahmen abschneiden", versprach Dina lachend. „Dann dürfen mich nur nicht so aufregende Lesungen von der Arbeit abhalten."

Die nächsten Neuigkeiten erfuhren sie durch eine Händlerin kostbarer Salben und wohlriechender Essenzen, die Salome vom Brunnen mitgebracht hatte. Zwar konnte keine der Schwestern etwas von deren teurer Ware erwerben, doch eine Rast im schattigen Hof, Wasser für die staubigen Füße und ein kühler Trunk waren ihr sehr willkommen. „In Joppe am Meer gibt es Frauen, die ähnlich zusammen leben wie ihr“, wusste sie zu erzählen. „Auch sie weben Tücher aus Wolle und sogar Leinen und nähen dann selber dünne Unterkleider oder feste Obergewänder. Viele von ihnen waren Witwen von Fischern. Ohne den Verdienst ihrer Männer hatten sie sich bettelarm durchschlagen müssen. Nun teilen sie alles, was sie selber erwerben und bringen so sich und ihre Kinder durch.“ Das waren Nachrichten, über die die Schwestern lange nachdachten.

Was sie von den Brüdern hörten, klang beunruhigender. Einerseits trafen die sich weiterhin mit Jesusanhängern in der Stadt. Andererseits war inzwischen Mitgliedern des Hohen Rates aufgefallen, dass Schüler jenes Nazareners nach Jerusalem zurückgekehrt waren, dessen unbequeme Worte den Priestern und manchen Gesetzeslehrern so missfallen hatten. Galt es nun, auch diese Fischer misstrauisch zu beobachten? Der weise alte Gamaliel empfahl, abzuwarten, ob die Galiläer sich auffällig verhalten oder ob sie sich nicht doch als rechtgläubige Juden erweisen würden, wie es ihr Gebet im Tempel zu beweisen schien. So hatte es ihnen Joseph von Arimathäa berichtet und zur Vorsicht geraten. Jedenfalls Simon, Daja und Andreas überlegten seitdem, ob es nicht Zeit sei, die ursprünglichen Pläne eines Lebens als wandernde Boten der Guten Nachricht wieder aufzunehmen und Jerusalem zu verlassen.

An jedem Sabbat schloss die kleine Gemeinde in Kapernaum die abwesenden Geschwister in ihre Bitten um Schutz und Bewahrung ein.

12. Die große Schüssel

In der ‚Familie Gottes', als die sich die Schar in Kapernaum inzwischen verstand, hatte sich langsam bei ihren Zusammenkünften eine gewisse Regelmäßigkeit herausgebildet. Meistens trafen sich Frauen und Männer an den Feiertagen getrennt. Nur etwa einmal im Monat kamen alle in Simons Haus zusammen.

Waren die Frauen unter sich, dann konnte sich schon einmal die eine oder andere Nachbarin bei ihnen einfinden. Es interessierte sie offensichtlich, wie Hanna, Dina und Joana einerseits, Rifka und Salome und Tamar andererseits ihr Leben miteinander, aber ohne Männer und Familien führten. Doch sie hörten auch gern zu, wenn eine der Schwestern aus dem Gedächtnis Worte Jesu zitierte oder gar eine der bildhaften Geschichten nacherzählen konnte. Ja, manche blieb sogar beim Gebet dabei und verließ das Haus entspannter, als sie es betreten hatte. Die Jüngerinnen waren sich darin einig, keiner der Frauen mit Fragen zu nahe zu treten. Wer mehr von ihnen wissen wollte, würde schon mit der Zeit damit herausrücken.

Umso unbefangener tauschten sie untereinander alles aus, was sie bewegte. „Erinnert ihr euch an Jesu Gleichnis vom Brotteig?“, fragte Hanna eines Tages, „ich konnte richtig vor mir sehen, was er beschrieb: ‚Mit dem Gottesreich ist es wie mit einer Frau, die für einen ganzen Haushalt die Wochenration Brot backen will. Sie nimmt eine große Schüssel und kippt aus dem Vorratssack Mehl hinein. Sie mischt Wasser und Sauerteig darunter und knetet alles tüchtig durch. Dann aber stellt sie die Schüssel an einen warmen Ort und wartet ab. Von allein tut der Sauerteig seine Arbeit, er durchsäuert den ganzen Teig. Und der geht auf, bis er die Schüssel bis zum Rand ausfüllt. Dann kann die Frau ihn einteilen und Brote backen. Und alle im Haus werden satt.‘“ – „Wäre der Lehrer länger bei uns gewesen, dann hätte er vielleicht mehr Geschichten erzählt, die sich im Alltag von uns Frauen abspielen“, überlegte Salome. „Er sah ja eher die Bauern bei ihrer Arbeit von Saat und Ernte oder auch Händler und Gutsverwalter.“ – „Ja, stellt euch vor, er hätte gesagt: ‚Mit Gottes Herrschaft ist es wie mit einem Kind, das im Leib der Mutter heranwächst. Noch niemand sieht es, doch es regt sich schon und wird größer und größer, bis die Stunde der Geburt gekommen ist. Dann drängt es ans Licht, und alle im Haus begrüßen es voll Freude.‘“ – „Ich stelle mir das Wachstum von Gottes Einfluss in der Welt vor wie ein Melonenfeld.

Wir stecken kleine Kerne ins Erdreich. Doch riesige Früchte reifen heran. Sie duften und erfrischen die ganze Familie, die sich eine Melone teilt." – „Und ich habe meinen Suppentopf vor Augen", lachte Hanna, „eine winzige Prise Salz streue ich nur hinein. Doch das verteilt sich in den Linsen oder im Lauch und macht das ganze Gericht schmackhaft und genießbar."

„Da fällt mir wieder ein, wie du, Joana unsere Gemeinschaft mit einem bunten Tuch verglichen hast, weil wir alle so verschieden sind in unserer Lebenssituation und in unseren Fähigkeiten", schlug Dina ein anderes Thema an. „Wir haben aber auch alle unsere Fehler und Schwächen. Und da denke ich an eine Töpferin, die sorgfältig und geschickt Schalen und Krüge formt. Solange sie den Ton weich vor sich auf der Scheibe hat, kann sie noch verbessern, was ihr nicht gefällt. Aber manchmal misslingt ein Gefäß erst beim Brennen. Wird sie es dann zerstören und die Scherben in den Abfall werfen? Ich denke, sie wird es eher im eigenen Haushalt benutzen. Und oft halten die schiefen Krüge besonders lange. So wird auch bei uns niemand misstrauisch angesehen oder ausgeschlossen." – „Auch ich habe etwas vor Augen", beschloss Rahel die Runde: „Mit unserer Gemeinschaft verhält es sich wie mit einem Nest, das ein Vogel in einen Feigenbaum baute. Wenn Stürme wehen, dann knicken die Äste dünner Sträucher ab. Aber die dicken Äste des Feigenbaumes halten stand und bewahren auch das Nest. Und wenn Regen fällt, fliegt die Vogelmutter herbei, setzt sich auf ihre Jungen und beschützt sie."

„An Simon oder Jakobus geben wir diese Geschichten wohl lieber nicht weiter", schmunzelte Salome. „Denen ist ihre Welt der Boote, Pflüge und Sicheln näher als unser Haushalt mit Mühlstein und Spindel, mit Waschtrog und Besen.

Doch Martha und Mirjam in Betanien würden uns verstehen, und Maria in Jerusalem und die Witwen in Joppe hätten wohl auch ihre Freude daran. Manchmal wünschte ich mir sogar, wir könnten neue Psalmen dichten und zu Gottes Lob singen, Lieder, die genau unsere Gefühle und Hoffnungen ausdrücken.“ Das erschien allen als ein so kühner Wunsch, dass sie ihn erst einmal sorgsam in ihren Herzen verwahrten.

Nachdem der Herbstregen eingesetzt hatte, wurde es empfindlich kühl. Alle rückten bei den Hüttenbesitzern zusammen, die es sich leisten konnten, das Feuer an der Kochstelle länger brennen zu lassen oder hüllten sich in so viele Tücher wie möglich. Die Frauen hatten zwei Körbe mit weißer und brauner Wolle erwerben können. Sobald Tamar und Rifka sie versponnen hatten, wob Dina feste Stoffbahnen, aus denen Salome und Joana wiederum grobe Hirtenmäntel nähten. Der Herdenbesitzer war zufrieden mit der guten Arbeit, kaufte sie ihnen alle ab und versprach, sie nach der nächsten Schur mit mehr Wolle zu versorgen. Auch die Hirten wussten die warmen Obergewänder zu schätzen. Eines Tages erschien in Rifkas Hof ein Knabe mit einem Lamm, das sich ein Bein verletzt hatte. „Versuch es durchzubringen“, bat er. „Wir müssen auf andere Winterweiden weiterziehen und können es nicht mitnehmen. Es frisst schon feste Nahrung. Womöglich könnt ihr euch damit eine eigene kleine Herde heranziehen.“ – „Nun werden wir auch noch Hirtinnen“, lachte Salome. „Vielleicht können wir darüber ein Lied dichten!“

In Hannas Hütte stellte sich immer wieder eine Nachbarin mit ihren Kindern zu den Gebetstreffen ein. Aufmerksam lauschte die Familie, wenn die Schwestern über Jesus sprachen und erhoben mit ihnen die Hände zu Bitten oder Dankgebeten. Ihr Mann, ein Fischer im Betrieb des Zebedäus, stand manchmal grübelnd vor Simons Boot, das am Ufer des Sees lag. Hanna hütete sich, ihn anzusprechen, doch eines Tages begleitete er seine Frau in ihr Haus und brachte seine Frage vor: „Mein ältester Sohn und ich würden gern selber fischen, statt Lohnarbeiter zu bleiben. Würdest du uns das Boot gegen einen Anteil am Fang vermieten?“ – „Kann ich das ohne Simons Einwilligung tun?“, gab Hanna zu bedenken, „auf jeden Fall muss ich es mit den Schwestern beraten.“ Der Fischer war einverstanden, auf eine Entscheidung zu warten. Dieses Mal blieb auch er, als die Frauen Brot brachen und ein Segenslied sangen.

Alle hofften, durch Wanderer aus Judäa wieder etwas von den Brüdern dort zu hören. Doch es war Thomas, der ihnen eine Nachricht zukommen ließ, die Erstaunliches aus der fernen Stadt Antiochia berichtete. Auch dort hatten inzwischen Menschen von Jesus gehört und zu ihm Vertrauen gefasst! Für sie war er Gottes Gesandter im Wendepunkt der Zeiten, der zur Rettung aller in der Welt erschienen war, die diese Botschaft hörten und annahmen. Diejenigen unter ihnen, die griechisch sprachen, nannten ihn ihren Kyrios. Da in der großen Handelsstadt Antiochia Menschen aus den unterschiedlichsten Herkunftsländern lebten, war auch die Schar der Anhänger Jesu offenbar bunt gemischt. Doch alle sahen ihr Heil in dem Neuen Weg, der ihnen durch den Lehrer aus Galiläa eröffnet wurde. Wie in Kapernaum und Jerusalem trafen auch sie sich in kleinen Gruppen in Häusern, die durch größere Räume über Werkstätten oder Läden Raum dafür boten. Wenn sie erlebten, dass Jesus bei ihnen war und zu ihnen sprach, dann führten sie das zurück auf seinen Geist, der unter und in ihnen anwesend war.

Natürlich waren das aufregende Neuigkeiten für die Geschwister am See, die sie bei der ersten größeren Versammlung besprachen. „Ob es auch in Jericho inzwischen Anhänger Jesu gibt?“, fragte Levi, „immerhin haben viele dort miterlebt, wie er den blinden Bartimäus heilte.“ – „Vielleicht treffen sie sich sogar bei ihm“, überlegte Salome.

„Weißt du noch, wie Bartimäus den Blindenstock und die Bettelschale fortwarf und uns noch ein Stück begleitete auf unserem Weg hinauf in die Berge?“ – „Ja und in Betanien kamen wir in das Haus jenes Simon, der uns aufnahm, ehe wir weiterzogen nach Jerusalem. Da kam diese Frau.“ Er verstummte, und alle blickten fragend auf ihn und Salome. „Wir verstanden damals nichts“, murmelte Salome, „doch sie war eine Art Prophetin, die Jesus ohne Worte vorbereitete auf das, was kommen würde.“ Und dann erzählte sie von der unbekannten Frau, die Jesu Haupt mit kostbarem Salböl bestrichen hatte, als salbe sie einen König. „Dann dürfen wir diese Schwester nie vergessen, auch wenn niemand ihren Namen kennt“, versprach Hanna, „denn auch sie ist eine Jüngerin und gehört zu uns.“ Rahel nickte. Dann sangen sie das Lied vom Guten Hirten.

13. Unterwegs

Wenn die Geschwister in den Hausgemeinschaften am See Genezareth sich später an ihre Anfangsjahre erinnerten, dann schienen sie ihnen vor allem eine Zeit des Übergangs zu sein. Zunächst war ihnen der Lehrer und Freund noch so nahe, wie in den kurzen Jahren, als er mit ihnen das alltägliche Leben geteilt hatte. Sie sahen ihn vor sich am Ufer des Sees, wo er gelehrt hatte, in den Häusern, wo er mit ihnen gegessen oder Kranke geheilt hatte.

Auch waren ihre Lebensumstände ja die gleichen, wie zu jener Zeit. Sie kämpften täglich darum, im Mangel zu überleben. Aber sie hielten fest an der Hoffnung auf das Leben in Frieden und Gerechtigkeit, das Jesus ihnen vor Augen gestellt hatte. Sie lebten im Dorf unter ihren Verwandten und Nachbarn und versuchten doch, sich miteinander nach den Regeln zu verhalten, nach denen er gelebt hatte.

Am nächsten war er ihnen, wenn sie miteinander Essen und Trinken teilten. Es schien ihnen, als säße er dann mitten unter ihnen und teilte selbst als Hausvater das Brot aus. Dann empfanden sie auch ihre Verbundenheit untereinander besonders stark. Sie suchten nach den Psalmliedern, mit denen sie das ausdrücken konnten. Und sie erzählten sich jedes Mal eine Begebenheit aus der Vergangenheit oder eine der Gleichnisgeschichten Jesu, um sich an ihn zu erinnern.

Nach und nach jedoch erschien er ihnen immer mehr in jenes Licht entrückt, in das er durch die Auferweckung vom Tod gegangen war. Dazu trug bei, dass Menschen, die Jesus nicht gekannt hatten, aber durch seine Botschaft berührt wurden, in einem anderen Verhältnis zu ihm standen. Zumal, wenn sie aus anderen Glaubensweisen kamen und nun ihr Vertrauen auf ihn setzten, fanden sie andere Namen, mit denen sie ihn anriefen oder von ihm sprachen. Manchmal malten jene neuen Nachfolger auch Begebenheiten, von denen sie gehört hatten, wunderhaft aus, während sie den Menschen am See durchaus natürlich erschienen waren.

Johannes ließ ihnen Nachrichten aus Jerusalem zukommen. Simon war mit seiner Frau unterwegs als Botschafter der guten Nachricht. Jakobus aber leitete eine Gemeinde von Geschwistern, die sich treu an die Gebote des Ewigen hielten und den Tempel aufsuchten. Das verschaffte ihnen Respekt in gesetzestreuen Kreisen der Stadt. Bei ihnen war eines Tages überraschenderweise ein Bruder Jesu aus Nazaret aufgetaucht. Auch er hieß Jakobus, und auch er hatte eine Begegnung mit dem Auferstandenen gehabt. Nun versuchte er, den eigenen Bruder neu kennen zu lernen durch die Augen seiner Freunde und sich zu ihnen zu halten. Natürlich rief das unter ihnen die Erinnerung daran hervor, wie Jesus sich ihnen als ein Bruder nahe gefühlt hatte.

Wie wichtig das gute Verhältnis der Jesusleute zur Synagoge war, führten den Geschwistern in Kapernaum Rahel und Jairus vor Augen. Die Tochter versorgte treu ihre Eltern und hielt sich zugleich fest zu den Schwestern um Hanna und Salome. Der Synagogenvorsteher wusste, dass seine Tochter die Geschichten und Aussprüche Jesu notiert hatte, aber er sprach sie nicht darauf an. Levi besuchte ihn ab und an. Dann redeten sie vorsichtig über Fragen, die der fromme Mann dem Rabbi aus Nazaret gern zu dessen Lebzeiten gestellt hätte: Wie wichtig war es, durch die Einhaltung strikter Vorschriften ein reines, ja geheiligtes Leben vor Gott zu führen, damit dieser sich endlich seinem Volk wieder in Gnade zuwenden konnte? Würde es Anzeichen dafür geben, dass das Erscheinen des Menschensohnes unmittelbar bevorstand? „Für uns waren die Heilungen Jesu solche Zeichen", bemerkte Levi, „und dass er sich uns zuwandte, den Menschen am Rande des Gottesvolkes. Dass er uns einlud ins Haus des gütigen Vaters, bevor wir alle Gebote befolgten, die ja auch für ihn gute Weisungen zum Leben waren." – „Wir waren uns einig im Wichtigsten", gab Jairus zu: „‚Liebe den Ewigen deinen Gott mit all deinen Kräften. Liebe dich selbst und die Menschen neben dir!'"

Auf dieser Grundlage konnte der Synagogenvorsteher die Jesus-Gemeinschaft ansehen als eine Richtung des Glaubens an den einen Gott Israels. Und in solcher Treue zum Gesetz waren ihm die Geschwister jedenfalls näher als die reichen Familien der Oberschicht in Jerusalem oder Tiberias mit ihrer Anpassung an die Herrschaft des Imperiums und ihrer Hinwendung zum römischen Lebensstil.

Waren die Frauen unter sich und brachte ihnen der Ruhetag die willkommene Unterbrechung der mühsamen Arbeit, dann konnten wohl auch sie sich fragen, wie gerade für sie die Begegnung mit Jesus das Dasein verändert hatte.

„Er sah uns Frauen als Menschen, die gleichwertig neben Männern stehen können", begann Salome, „deshalb ließ er zu, dass wir mit ihm und den Schülern unterwegs waren, dass auch wir zuhörten, fragten und mitredeten. Er sah uns nie nur als Töchter oder Mütter, als Ehefrauen oder Witwen, so wie wir sonst immer eingeordnet und mit den entsprechenden Pflichten belegt werden." – „Auch wenn wir zu einem Hausstand gehörten, so traute er uns doch zu, Jüngerinnen zu werden, die eine eigene Beziehung zu ihm hatten und sich mit den eigenen Kräften einbrachten", ergänzte Hanna. „Es hätte ihm gefallen, wenn nun auch Frauen wie Mirjam und Daja die gute Nachricht weiter tragen." – „Als er uns heilte, rief er uns in unser eigenes Leben, nicht wahr, Joana", bekannte Rahel, „er würde wollen, dass wir es so frei wie möglich führen, so lange wir niemand anderen ärgern oder verletzen." – „Mirjam tut das am meisten von uns allen, so wie sie von Anfang an seine besondere Jüngerin war!" – „Ich denke, auch wir haben genau die Möglichkeiten ergriffen, die wir hier haben", antwortete Joana, „wir binden uns nicht in eine Familie ein, obwohl Tamar und Dina das könnten, und obwohl vielleicht sogar ich noch einmal heiraten könnte. Unsere Schwesterngemeinschaft gibt uns die Möglichkeit dazu. Und deren Grundlage war die neue Familie, als die der Rabbi uns sah." – „Zu ihr werde ich hoffentlich auch einmal gehören, wenn die Eltern mich nicht mehr brauchen", fügte Rahel hinzu. „Wir sind stark miteinander, weil jede das in unseren kleinen besonderen Haushalt einbringt, was sie besonders gut kann", nahm Rifka den Gedanken auf. „Wenn noch mehr Männer zu uns gehören würden, gäbe es vielleicht auch Schriftausleger bei uns oder Töpfer, Ärzte oder Bauhandwerker, wie Jesus selber einer war, auch wenn er später nur noch selten Werkzeug in die Hand nahm."

„Wusstet ihr, dass die Männer den Wachturm im Weinberg zu einem Wohnhaus ausbauen?", fragte Joana dazwischen. „Dort wird bald auch eine Hausgemeinschaft von uns wohnen können". Doch Dina lenkte noch einmal zum vorigen Thema zurück: „Es könnte spannend werden, wenn Ehepaare oder ganze Familien zu unserer Gemeinde finden. Werden dann die Ehemänner und Hausherren es aushalten, dass bei uns Frauen so einen starken Stand haben? Ja, werden wie Daja auch andere Ehefrauen so auf ihrer eigenen Würde bestehen können?" –

„Wenn ich Simons Boot an Joab, den Fischer, vermiete, schließt sich seine Familie gewiss unserer Gemeinde an. Dann gibt es wohl eine Antwort auf deine Frage", sagte Hanna. – „Meine junge Nachbarin könnte die nächste sein, die über unser Zeugnis zu Jesus findet und ganz zu uns gehören will", berichtete Rifka. „Immer wieder befragt sie mich nach seinen Lehren und den Regeln, nach denen wir miteinander leben. Sie spürt die Kraft, die von unserem Zusammenhalt ausgeht, und würde die gern auch für sich in Anspruch nehmen."

„Was haben wir jetzt alles zusammen getragen", staunte Tamar, „es wird Zeit, dass wir darüber ein eigenes Lied dichten, das wir zusammen mit den alten Psalmen singen! Diese Gabe müssen wir noch bei uns entdecken!"

Natürlich war es Rahel, welche am meisten mit den alten gottesdienstlichen Gesängen vertraut war, und die den Schwestern eines Tages ein neues Lied vorzusingen wagte. Nach einer bekannten Melodie stimmte sie an:

„Du, Jesus, rufst uns neu in das Leben.
Vor uns liegt Weite, offenes Land.
Stärke und Hoffnung hast du gegeben,
seit Gott dich in unser Dunkel gesandt.
Wir fanden Frieden auf deinen Wegen,
als wir dir folgten aus unserer Not.
Zum großen Festmahl hast du geladen,
trugst unsre Lasten, brachst unser Brot.
Du gingst zum Vater nach deinem Leiden,
ließest uns als Familie zurück.
Nichts kann von deiner Liebe uns scheiden.
In deine Zukunft geht unser Blick."

14. Der lange Tisch

Sobald das stürmische und regnerische Wetter sich gelegt hatte und freundlichere Temperaturen herrschten, gingen auch die Fischer wieder regelmäßig ihrem Handwerk nach. Hanna hatte Simons Boot Joab überlassen, der nun mit seinem ältesten Sohn jeden Tag auf dem See verbrachte, um mit Wurfnetzen zu fischen. Tatsächlich hielt sich die ganze Familie seitdem zu der Gemeinschaft der Jesus-Nachfolger. Wenn sie sich zum Brotbrechen und Gebet in Simons Haus einstellten, steuerten sie Fisch zu den Mahlzeiten bei. Auch Rifkas Nachbarin war eines Sabbats erschienen.

Dass nun auch Menschen sich den Jüngerinnen anschlossen, die Jesus zu seinen Lebzeiten allenfalls am See gesehen hatten, erregte die Aufmerksamkeit der anderen Dorfbewohner. Es entging Salome nicht, dass am Brunnen vor allem die Frauen aus pharisäischen Familien sie kritisch musterten. Schließlich getraute sich eine, sie anzusprechen: „Du trägst jeden Tag einen großen Krug Wasser nach Hause. Dabei wird behauptet, euer Lehrer sei mit manchen Regeln, etwa bei der Reinigung, recht frei umgegangen, während wir diese genau beachten. Wie haltet ihr es damit? Wascht ihr euch die Hände vor dem Essen? Esst ihr auch Speisen, die unser Lehrer Mose uns untersagt hat?" –

„Natürlich säubern wir uns nach schmutzigen Arbeiten und waschen vor dem Gebet unsere Hände", antwortete Salome, „und die verbotenen Speisen würden wir vermutlich gar nicht mögen. Aber wir erinnern uns auch daran, dass Jesus seine eigenen Ansichten zu Reinheit und Unreinheit hatte. Er meinte, sie käme nicht nur von außen an uns Menschen heran, sondern viel eher aus unserem eigenen Herzen. Deshalb sollten wir uns hüten vor hässlichen Gedanken und gemeinen Bestrebungen, weil die uns wirklich verunreinigen." Das hörten sich die gesetzestreuen Frauen nachdenklich an. Salome war sicher, dass es noch mehr Nachfragen geben würde.

Als sich Verwandte von Joses zu einer Pilgerreise nach Jerusalem aufmachten, gab er ihnen einen Brief an die Brüder Jakobus und Johannes mit und empfing auf dem gleichen Weg neue Nachrichten von dort. Der junge Johannes Markus war eifrig damit beschäftigt, Geschichten zu sammeln, die über Jesus erzählt wurden. Er war sogar nach Jericho gewandert, um die Erlebnisse zu notieren, an die sich Menschen dort erinnerten. Wie Salome es vermutet hatte, versammelte sich in der Palmenstadt eine Gemeinschaft um den ehemals blinden Bartimäus und einen früheren Zöllner namens Zachäus. Den hatte Jesus genau wie Levi angesprochen. Und auch er hatte ein Festmahl in seinem Haus gegeben. Das hatte in den frommen Kreisen der Stadt Unwillen erregt. Daraufhin hatte Jesus zum Tischgespräch eine lange Erzählung beigetragen. Sie handelte von einem Gutsbesitzer mit zwei Söhnen, von denen der jüngere wie so viele Zweitgeborene sein Auskommen in der Fremde suchte. Doch ihm war das Leben dort missglückt und das Erbteil zerronnen. Abgerissen und elend hatte er sich wieder in die Heimat zurückgeschleppt, um dort wenigsten seinen Lebensunterhalt als Tagelöhner zu verdienen. Zuhause jedoch hatten ihn die Eltern herzlich wieder aufgenommen. Dem älteren Bruder allerdings fiel es schwer, diese Entwicklung zu akzeptieren, so sehr der alte Vater ihn auch darum bat, doch die eigene Freude über die Heimkehr des Verlorenen zu verstehen. Natürlich war das zu ihrer Lieblingsgeschichte geworden.

Erstaunlicherweise erreichte sie eines Tages ein Brief von den Frauen in Joppe. In ihrer Gemeinschaft war die Gründerin Tabita schwer erkrankt. Da Simon sich gerade im Nachbardorf aufhielt, war er zu Hilfe geholt worden. Tatsächlich hatte er im Namen Jesu der Kranken zu neuen Kräften verhelfen können. Natürlich hatte er dort von Kapernaum und dem Wirken Jesu in seiner Stadt erzählt. Nun berichteten die Schwestern aus Joppe ihrerseits: „Wir betreiben inzwischen eine Werkstatt, in der mehrere Frauen spinnen und weben. Andere nähen Überkleider und besticken sie manchmal sogar. Wir teilen alles Geld, das wir verdienen, und erwirtschaften so den Lebensunterhalt für uns und unsere Kinder. Die Männer in unserem Ort am Meer sind größtenteils Fischer. Auch sie haben die Geschichten mit großem Interesse gehört, die Simon bei uns erzählt hat. Am besten hat uns gefallen, wie Jesus bei einem schweren Seesturm so sehr die Ruhe behielt, dass nicht nur seine Schüler, sondern auch die Wasserwogen selbst sich beruhigten!“

Eine der Pilgerinnen nach Jerusalem war in Betanien im Haus der Martha eingekehrt. Sie wusste von einem Besuch Jesu bei den Schwestern zu berichten. Dabei hatte Martha sich ganz ihren Pflichten als Gastgeberin gewidmet, ihre Schwester Mirjam dagegen hatte sich wie eine Schülerin zu den Füßen des Lehrers gesetzt, um von ihm zu lernen. Martha hatte die

Schwester wieder zur Küchenarbeiten rufen wollen. Doch Jesus hatte sie stattdessen ermutigt, doch ebenfalls die Arbeit eine Weile ruhen zu lassen, um sich am Gespräch zu beteiligen.

„Wie schön", sagte Rahel, „das bestätigt uns, dass wir Frauen vollwertige Schülerinnen sind, denen sein Ruf zur Nachfolge genau so galt wie den Männern, die er ausdrücklich ansprach. Wenn es bald auch an anderen Orten solche Sammlungen von Worten des Rabbi gibt, dann müssen wir sie einmal austauschen."

Eines Tages erreichte sie mit einer durchziehenden Handelskarawane wieder eine Botschaft von Thomas. „In Antiochia haben sich nun sogar Menschen aus den Völkern für die Gute Nachricht vom nahen Gottesreich geöffnet! Oft sind es solche, die schon vorher am Glauben an den einen Gott Israels und seinen Weisungen interessiert waren, letztlich jedoch keinen vollen Zugang zum Volk des Bundes finden konnten. Sie kommen nun zu unseren Versammlungen und erleben, dass wir keine Bedingungen stellen, die sie zuerst erfüllen müssen. Das lässt sie immer mehr fragen und zuhören, bis sie endlich ihr Vertrauen auf Jesus setzen. Doch selbst einige, die bisher die griechischen Göttinnen und Götter in ihren großen Tempeln verehrten, interessieren sich für den einen Vater im Himmel und seinen Gesandten Jesus. Bei uns hier hat also ein ganz neuer Weg angefangen, auch wenn wir noch nicht ahnen, wohin er führen wird."

Natürlich mussten sich die Geschwister in Kapernaum über diese neue Entwicklung austauschen, sobald sie sich wieder im großen Kreis versammelten. „Hatte es nicht schon hier einen Zenturio der römischen Garnison gegeben, der sich mit einem Anliegen an Jesus wandte?", fragte Simson. „Oh ja", bestätigte Levi, „das hat damals all jene aufgeregt, die den Römern in großem Bogen aus dem Wege gehen. Der Bursche dieses Offiziers war schwer krank. Da schickte der zu Jesus mit dem Ansinnen: ‚Du hast ja offenbar etwas zu sagen, wenn es um Tod oder Leben geht. Bitte, sprich das Wort aus, das meinen Jungen gesund macht!' Dieses Zutrauen hat Jesus gefallen."

„Da hatte es die Phönizierin schwerer, die den Rabbi wegen ihrer kranken Tochter bat", erinnerte sich Salome. „Nach der Ermordung des Täufers hatten wir uns hinter die Grenze zurückgezogen. Vielleicht war Jesus erschöpft oder wollte unerkannt bleiben, oder er war sich nur seiner Sendung zum Volk Israel sicher. Jedenfalls ging er zunächst nicht auf ihr Flehen ein. Im Gegenteil, er wies sie richtiggehend ab: ‚Brot gibt man den Kindern und nicht den Hunden.' Wie habe ich sie bewundert, als sie hartnäckig blieb und ihm das Wort geradezu im Munde herumdrehte: ‚Ja, aber die Brocken, die den Kindern unter den Tisch fallen, die dürfen sich doch die Hündchen aufschnappen.' So verblüfft hatte ich Jesus noch nie gesehen! Doch dann lächelte er und bestätigte: ‚Groß ist dein Vertrauen. Deine Tochter wird gesund werden.' Das war doch ein großer Schritt, zumindest hin zu dieser Frau. Aber vielleicht auch über jene unsichtbare Trennungslinie zwischen uns und den Menschen aus den Völkern."

„Und waren das nicht vielleicht Ereignisse, die im Voraus ein Licht werfen auf das, was nun jenseits der Grenzen unseres Landes geschieht: Auch Menschen mit anderem Glauben als wir finden zu Jesus, entdecken in ihm eine Kraft, die ihr Leben verändern kann?" – „Es sieht so aus, doch uns werden die Hüter der Rechtgläubigkeit fragen: ‚Wie könnt ihr euch so sehr öffnen für Menschen aus den Völkern? Wie könnt ihr volle Gemeinschaft haben mit ihnen, ohne das Volk der Erwählung zu verlassen?' Was werden wir antworten?" – „Wir können ihnen nur bezeugen: ‚Jesus kam zuallererst in unser Volk, um uns zu sammeln von allen Enden, damit wir beieinander seien, wenn Gott kommt, um uns zu besuchen und zu erlösen." „Und doch fällt mir nun das Bild ein, das er gebrauchte, als wir zuletzt hier zusammen saßen. ‚Im Reich Gottes wird der Tisch so lang sein, dass auch Menschen aus der Ferne an ihm sitzen und mit uns feiern können.' Ob das sich nun erfüllt?" – „Dann sollten wir davon singen", schlug Rahel vor:

„Dankt Gott, ihr Völker, denn er sieht euch alle.
Durch seinen Gesandten ruft er euch zu:
Kommt her aus dem Unheil, aus Unrecht und Kriegen.
Ich führ euch zum Frieden, bei mir strömt das Recht.
Dankt Gott, ihr Armen, blickt auf in die Höhe,
denn voller Erbarmen neigt er sich uns zu.
Kommt her aus den Ängsten, aus Zweifeln und Tränen.
Hier findet ihr Heilung, die Heilszeit ist nah."

15. Ich glaube an Jesus

Als das Frühjahr voranschritt, machte sich Simson mit Feuereifer an die Arbeit in Joanas Weinberg. Zusammen mit Eli und Abel hatte er dieses Mal rechtzeitig die Reben beschnitten. Nun lockerten sie sorgfältig den Boden um die Pflanzen auf und banden diese an stützende Pfähle. Bald zeigten sich die neuen jungen Triebe. Auch Nachum hatte immer öfter mitgearbeitet und war schließlich sogar zu den Mitbrüdern in das Haus im Weinberg gezogen. Obwohl sie einen Raum angefügt hatten, war der ehemalige Wachturm für sie alle allerdings nun eine recht enge Behausung. Und nachdem die nötigste Arbeit beendet war, sagte Abel eines Tages: „Ich würde gern wieder in einer Ortschaft leben. Meint ihr, ich könnte auch bei Joses arbeiten?" – „Frage ihn, ob er in seiner Werkstatt genug zu tun hat", riet ihm Simson. „Vielleicht kannst du ja das Handwerk eines Sandalenmachers lernen." Tatsächlich hatte Joses genügend Aufträge und war bereit, Abel in die Lehre zu nehmen und ihm eine Schlafstatt im Verschlag neben der Werkstatt herzurichten.

Auch im Haushalt von Rifka und Joana hatte es eine Veränderung gegeben. Das Lamm hatte nicht nur überlebt, sondern war zu einem prächtigen Schaf herangewachsen. Als die große Herde wieder in der Nähe weidete, hatte Rifka es decken lassen. Und nun hüpften zwei muntere Lämmer in dem kleinen Hof umher. Rifka bat Judith, die Tochter ihrer Nachbarin, die Tiere täglich einige Zeit beim Grasen an einem Wegrand zu hüten. Dafür durfte das Mädchen ein Schüsselchen von der nahrhaften Milch trinken, die Rifka von dem Mutterschaf melkte, sobald die Lämmer genug getrunken hatten.

Die kleine Hirtin kam mit ihrer Mutter und zwei jüngeren Brüdern bald an jedem Sabbat zu den Versammlungen in Simons Haus. Der Ehemann und Vater freilich hielt sich fern, ja er betrachtete eher misstrauisch, wie geschwisterlich Frauen und Männer in der Gemeinschaft umgingen, zu der sich seine Familie hingezogen fühlte.

Kaleb, der Fischer, der nun mit Simons Boot fischte, war bald mit seiner ganzen Familie regelmäßiger Besucher bei den Gebeten. Während der ältere Sohn sich wie auch Judith zu den Erwachsenen hielt, tollten die jüngeren Kinder im Hof umher oder ließen am Straßenrand nach uralten Spielregeln runde Steinchen in kleine Kuhlen trudeln.

Als seine Frau Chava eines Tages mit einem Topf Fischsuppe zu Hanna kam, fragte die sie vorsichtig: „Wie geht es euch damit, dass wir hier so ohne Hausherren leben?“ – „Ach, wir finden es gut, wie ihr einander helft. Wir haben ja schon an Jesus und seiner Schülerschar gesehen, dass nicht jeder in einer Familie leben muss. Wir allerdings sind sehr zufrieden als Ehepaar und mit unseren Kindern. Kaleb achtet mich und meine Arbeit im Haus und als Mutter und ist kein sonderlich strenger Hausvater. Vielleicht kommen wir deshalb auch mit eurer Lebensweise gut zurecht.“

An einem der nächsten Sabbattreffen wurde es richtig voll in Simons Gehöft: Mit Jakoba zusammen erschien auch deren Tochter mit ihrer ganzen Familie. Ihr Mann stellte sich förmlich vor: „Ich heiße Simeon und bin Bootsbauer. Von meiner Werkstatt aus habe ich Jesus beobachtet, wie er damals meine Schwäger von ihren Netzen fortlockte! Und dass ihr euch nun wieder sozusagen in seinem Namen trefft, das möchte ich mir schon einmal ansehen. Was findet ihr immer noch an diesem Nazarener?“

Ehe noch eine der Jüngerinnen antworten konnte, erhob sich plötzlich ein Mann, den vorher niemand bemerkt hatte. Er hatte den Arm um einen zarten Jungen gelegt, und man sah, wie tief berührt er war, als er zu sprechen begann: „Auch ich bin Jesus begegnet. Und das hat das Leben meiner ganzen Familie verändert. Unser Sohn hier war schwer krank – wir Eltern waren verzweifelt. Als ich von den Heilungen hörte, die an so unterschiedlichen Kranken geschahen, war ich hin und her gerissen: Gab es da Hoffnung auch für uns? Waren diese schweren Anfälle des Kindes nicht eine zu teuflische Herausforderung selbst für den besten Heiler? Mit diesen ganzen Zweifeln kam ich zu euerm Lehrer, ich forderte ihn geradezu heraus: ‚Wenn du etwas kannst, dann hilf!‘ Und er sagte nur ganz ruhig: ‚Jeder kann, der genug vertraut!‘ Da schrie ich: ‚Dann hilf mir auch noch zum Vertrauen!‘ Dann sind wir sozusagen alle geheilt worden – das Kind von den Krämpfen und wir Eltern von unserer bitteren Verzweiflung. Seit ich vor kurzem hörte, dass es euch Jesusleute hier gibt, wollte ich herkommen. Ich brauche euch, um beim Vertrauen zu bleiben. Versteht ihr, was ich meine?“

Diesem langen Bekenntnis folgte zunächst ein respektvolles Schweigen. Dann antwortete Joses: „Ich denke, ich verstehe dich. Denn auch ich musste vertrauen, dass ich bei Jesus beides finden konnte: Heilung und Vergebung meiner Schuld. Du hast recht: Wir brauchen einander, um in *dem* Leben zu bleiben, das er uns eröffnet hat. Danke, dass du gekommen bist; und sei herzlich willkommen mit den Deinen!“

Durch die vielen neuen Besucher mussten sie an diesem Abend die Brotfladen in besonders kleine Stücke brechen. Und auch von Kalebs Fischen gab es nur kleine Portionen. Salome und Jakoba tauschten einen langen Blick, denn nur zu deutlich stiegen in ihnen die Erinnerungen an die Mahlzeiten mit Jesus auf. Und auch die anderen verließen erfüllt und dankbar den Hof.

Nach einigen Tagen erschienen an einem Abend mitten in der Woche Joses und Salome bei Hanna und baten sie um ein Gespräch, das Salome eröffnete: „Joses hat mich um einen Rat gefragt, weil ich eine Schülerin Jesu war. Aber ich möchte, dass auch du als unsere Mutter im Glauben deine Ansicht zu seiner Frage sagst." Aufmunternd blickte sie zu Joses. – „Ich wandere ja ab und zu hinüber nach Magdala, um bei dem Gerber dort Leder zu kaufen", begann er zögerlich. „Dabei habe ich eine junge Witwe kennen gelernt. Ihr Mann war Fischer und ist bei einem schweren Sturm auf dem See verunglückt. Um sich und die beiden kleinen Kinder durchzubringen, fand sie nur eine Arbeit in der stinkenden Werkstatt des Gerbers. Die Gerbersäure brennt ihr auf der Haut. Ich kann das nicht ansehen. Außerdem ist sie so hübsch und freundlich. Ich möchte sie gern da herausholen. Aber, wäre es denn richtig, verheiratet zu sein? Jesus war es nicht. Und – wird er nun nicht bald kommen und diese Weltzeit beenden? Kann man da noch eine neue Familie gründen?" Er verstummte und blickte fragend von Salome zu Hanna.

Behutsam suchte diese nach Worten. „Jesus hat gesagt, wenn wir liebevoll und in Frieden miteinander leben, dann hat Gottes Reich schon mitten unter uns begonnen. Wann es aber öffentlich erscheint, weiß niemand. Er hat nicht gefordert, dass wir alle ehelos oder ohne Familie leben sollen. Es gibt kein Gebot Jesu für eine bestimmte Lebensform seiner Jüngerinnen und Jünger. Das Entscheidende ist unsere Haltung!" „Ja, genau", unterstützte Salome sie, „einmal nahm er ein bettelndes Kind in seine Arme und sagte: ‚Wer solch ein Kind aufnimmt, der gibt dem Menschensohn Herberge bei sich.'" – „Also, sprich mit der Frau über deine Gefühle für sie, Joses", riet Hanna. „Und sage ihr auch klar, dass du ein Jünger Jesu geworden bist. Denn wenn ihr heiratet, dann ist das ein Bündnis für euer ganzes Leben." Dankbar für diese Worte verabschiedete sich Joses.

Salome aber blieb noch bei Hanna und rückte nun ihrerseits mit einem Gedanken heraus, der sie beschäftigte. „Erinnerst du dich an den Bootsbauer Simeon, Jakobas Schwiegersohn, und seine Frage: ‚Was findet ihr noch immer an dem Nazarener?' Natürlich kann er nicht verstehen, wie viel uns die Erinnerungen an unseren Lehrer wert sind. Aber wir müssen sagen können, was Jesus jetzt für uns bedeutet, und was er für die bedeuten kann, die ihn durch uns kennen lernen." – „Ist das mehr, als dass er unser Freund und Bruder geblieben ist?" – „Die Geschwister in Antiochia nennen ihn den Kyrios, als hätte er Macht wie ein Kaiser". – „Oder, als ob er im Namen des Höchsten spricht, und wir uns nur nach ihm ausrichten. Lass uns darüber weiterreden mit Levi und den anderen, die Jesus selber begegnet sind." Einmal mehr baten sie den Ewigen, ihnen den richtigen Weg zu zeigen.

Es war wieder eine Nachricht aus Antiochia, die sie noch mehr ins Grübeln brachte. Thomas und Philippus hielten sich nach wie vor bei der jungen Gemeinde auf. Dort hatte man gehört, dass sich die Gute Nachricht von Jesus nun schon bis Damaskus ausgebreitet hatte.

Die Anhänger des Neuen Weges mit ihm trafen sich im Haus des Tuchhändlers Ananias. Sie nannten Jesus auch den Messias, Gottes Bevollmächtigten für sein Reich in der Welt. Wie in Antiochia suchten in dieser Großstadt Juden und Jüdinnen und Menschen aus den Völkern Zuflucht bei ihm. Und um ihre Lebensentscheidung deutlich zu bekunden, ließen die sich taufen und bekannten dabei: ‚Ich glaube an Jesus, den Gesalbten Gottes'. Das war eine Neuigkeit, die unter den Geschwistern in Kapernaum eine lebhafte Debatte auslöste.

So waren bald wieder alle zu den Treffen nach dem Gottesdienst versammelt. Dieses Mal hatten Jakoba und ihre Tochter einige Schalen mit Olivenöl mitgebracht, das mit frischen Kräutern gewürzt war. In kleinen Gruppen ließen sich die Geschwister darum nieder, um Brotstücke einzutunken.

„Was sagt ihr dazu, dass sich Menschen aus den Völkern taufen lassen, wenn sie zu Jesus gehören wollen", eröffnete

Joana das Gespräch. „Was ist taufen?", fragte Judith sofort. „Richtig, Kind, das kannst du nicht wissen", antwortete Hanna. „Bevor Jesus begann, Menschen für das Reich Gottes zu gewinnen, rief ein Prediger aus der Wüste sie zur Abkehr von einem falschen Leben fern von Gott. Wer sich wieder dem Ewigen und seinen Geboten zuwandte, tauchte im Jordan unter. Auch Jesus hielt sich eine Zeit lang bei diesem Johannes und seinen Schülern auf und ließ sich taufen. Aber von uns hat er nie erwartet, dass wir so ein Taufbad vornehmen." Levi nahm den Faden auf: „Mit dem Untertauchen in Wasser reinigen wir uns", versuchte er seine Gedanken zu klären, „vielleicht wollen diese neuen Geschwister sozusagen ihr altes Leben abwaschen, ehe sie das neue in der Nachfolge Jesu beginnen. Schließlich haben sie Göttern und Göttinnen gedient und sind ganz anderen Lebensregeln gefolgt." Auch Rahel konnte aus ihrer Kenntnis der Heiligen Schriften etwas beitragen: „Erinnert euch an den Durchzug durchs Meer, mit dem Mose unser Volk in die Freiheit führte. Dadurch begann für alle ein neues Leben, das Gott noch durch seinen Bund und die Gabe der Thora besiegelte." – „Wasser kann aber auch tödlich sein", murmelte Kaleb, „wer weiß das nicht besser als wir Fischer. Denken sie auch daran bei ihrer Taufe?" – „So viele Fragen", seufzte Salome, „könnten wir uns doch nur bei Jesus Rat holen, wie damals, als wir mit ihm unterwegs waren!" – „Da wollte sich einmal einer anschließen, dem aber ein schneller Aufbruch nicht ganz geheuer war", kramte Levi in seinem Gedächtnis. „Dem hat Jesus entgegengehalten: ‚Wer die Hand an den Flug legt und zurückblickt, der passt nicht ins Reich Gottes!' Hört sich das nicht sehr nach radikalem Neuanfang an?" – „Und ich habe wahrgenommen, wie einladend er es in seinen Geschichten ausdrücken konnte", ergänzte Jakoba: ‚Wenn Gottes Ruf uns trifft, geht es zu wie bei einem Kaufmann, der mit Schmuckstücken handelte. Der entdeckte eines Tages auf dem Basar eine überaus kostbare Perle. Er erkannte sofort: Dieser Schatz würde ihn reich machen bis ans Ende seiner Tage. Also veräußerte er all seinen Besitz und erwarb diese eine Perle, natürlich um sie alsbald mit Gewinn an einen Fürsten zu verkaufen.' Ja, Jesus warb darum, sich mit Haut und Haaren einzulassen. Und genau das fordert er auch noch heute. Ich finde die Geschwister mutig, die sich mit einer Taufe so offen zu ihm bekennen." Alle freuten sich an der Geschichte von dem klugen Kaufmann. Nur Simeon blickte weiterhin sehr nachdenklich in die Runde, ohne sich allerdings einzumischen. Rahel aber betete:

„Du zeigst mir den Weg zum Leben.
Deine Nähe erfüllt mich mit Freude;
aus deiner Hand kommt ewiges Glück."

16. Maranata

Je mehr die Treffen der Gemeinschaft neue Besucher anzogen, desto wichtiger wurden den Jüngern und Jüngerinnen die Mahlzeiten, die sie am Abend des Sabbats miteinander hielten. Oft verabredeten die Frauen vorher, was jede zum Essen mitbringen würde. Wenn sich alle um die Speisen herum niedergelassen hatten, sprach Hanna feierlich: „Jesus, unser Bruder, du bist jetzt mitten unter uns. Wir wollen bei dem Vertrauen auf den barmherzigen Vater bleiben, zu dem du uns berufen hast." – „Amen, so sei es", bekräftigten die anderen.

Alle empfanden, dass bei diesen gemeinsamen Abendessen die Erinnerung an den Freund und Lehrer am kräftigsten war, und dass zugleich die Verbundenheit untereinander gestärkt wurde.

Wenn die Familien und die Brüder aus dem Weinberghaus heimgegangen waren, blieben die Jüngerinnen, Levi und Joses manchmal noch etwas länger beieinander. In diesem Kreis warf Joana eines Abends wieder Simeons Frage auf: „Was bedeutet euch Jesus?"

Rahel antwortete darauf zuerst: „Er ist nicht mehr nur unser Bruder, der mit uns lebt und uns vorangeht. Denn er ist auferstanden und bei unserem himmlischen Vater." – „Er bleibt unser Lehrer, weil wir seine Stimme hören", fuhr Salome fort. „Wir haben mit ihm auf das Reich Gottes in Israel gewartet", ergänzte Levi. „Auf jeden Fall war Jesus Gottes Gesandter, der uns darauf vorbereiten sollte. Und auch das bleibt er: Er ist der Gesalbte Gottes, von dem die Heiligen Schriften reden. Das wird offenbar werden, wenn Gott schließlich seine Herrschaft antritt." – „Maranata, er komme bald und erlöse diese Welt von ihrem Elend", bat Hanna inständig. „Ich glaube", sagte Rahel, „einen Teil des Bösen hat Jesus schon aus der Welt hinausgetragen, wie dieser Gottesknecht, von dem Jesaja erzählt. Auch Jesus nahm doch unsere Krankheiten und Gebrechen hinweg, und auch eure Schuld, Levi und Joses. Und er hielt seine Liebe zu uns allen durch bis in den Tod. Vor dem Sterben hat Gott ihn nicht bewahrt. Aber er hat ihn durch die Auferweckung bestätigt! Vielleicht so, wie der Himmelskönig zum irdischen König spricht: ‚Du bist mein geliebter Sohn', auch wenn der natürlich ein Mensch bleibt." – „All' diese Gedanken sind mir zu schwer", seufzte Dina. „Ich weiß nur: Er war wie ein Licht in tiefster Dunkelheit, wie Quellwasser für einen Verdurstenden. Und nun..." – „Nun, Dina", rief Levi, „nun spricht Jesus: ‚Jetzt seid ihr Lichter in der dunklen Welt, jetzt seid ihr frisches Wasser für alle, die den Durst nach Leben spüren.' Wie Gott Jesus gesandt hat, so sendet er uns. Dass wir das hören und befolgen, ist ebenso wichtig, wie alles Nachsinnen über ihn!" Alle schwiegen beeindruckt. Schließlich beendete Hanna den Abend mit einem alten Segenswunsch: „Der Ewige behüte dich vor allem Unheil. Er behüte deine Seele von nun an bis in Ewigkeit!'

Dass die Nöte der Welt die Geschwister auf Dauer nicht verschonen würden, wurde an einem der nächsten Abende deutlich. Mit schreckensbleichem Gesicht stürzte Nachum in die Versammlung. „Soldaten", stammelte er, „ein ganzer Trupp! Ich habe solche Angst!" Hinter ihm erschienen Simson und Eli in der Tür. „Sie ziehen doch schon ab", beruhigten sie. „Anscheinend haben sie bei der Schenke gerastet und natürlich getrunken Der Wirt flucht hinter ihnen her. Gestritten haben sie, weil angeblich ein Messer abhanden gekommen war. Zum Glück hatten sie es dann doch so eilig, dass der Zenturio den Abmarsch befahl. Wenn sie den Wirt des Diebstahls beschuldigt und den Schankraum durchsucht hätten, dann hätte es schlimm ausgehen können.“ Rifka zog Nachum in eine Ecke, wo er sich langsam beruhigte.

Niemand hatte bemerkt, dass auch Abel blass geworden war und sich kaum am Essen beteiligte. Doch als Hanna ein Gespräch beginnen wollte, platzte er heraus: „Das Messer – ich habe es genommen!“ – „Wie ist das möglich? Wie konntest du das tun?“, rief Kaleb. „Ich kam eher an der Schenke vorbei als ihr“, gestand Abel. „Diese römischen Kerle hockten noch halb besoffen herum. Auch ich hatte Angst, ihren Weg zu kreuzen und versteckte mich hinter einem Dornengebüsch. Da musste doch ausgerechnet einer dorthin torkeln, um sich zu erleichtern. Als er seine Kleidung wieder ordnete, ist ihm das Messer aus dem Gürtel gerutscht und zu Boden gefallen. Sobald er sich umgedreht und wieder von der Hecke fortbewegt hatte, hab ich es ergriffen, ohne nachzudenken. Als er merkte, dass es weg war, hat er sofort einen Kameraden beschuldigt. Der Zenturio hat verhindert, dass der Streit ausartete, wie Simson schon sagte. Er hat den Trupp in Marsch gesetzt. Mich hat keiner bemerkt. Aber jetzt ...“ Damit legte er das Messer vorsichtig auf den Boden, als könne es noch Unheil anrichten.

„Das hätte böse enden können“, murmelte Levi. Alle anderen schwiegen bestürzt. Endlich wandte sich Salome an den jungen Mann: „Du hast gestohlen. Ist dir das klar?“ – „Ja, aber ich wollte nur diesem Soldaten eins auswischen. Ich sah die Waffe – da ist der Rebell von früher mit mir durchgegangen. Das Messer will ich gar nicht mehr haben“, stieß Abel hervor. „Zurückgeben kannst du es nicht mehr“, mischte Simson sich ein. „Und zum Wegwerfen ist es doch wohl zu schade. Seht euch die Klinge an, das ist bestes Eisen, ein gutes Werkzeug.“ Ratlos blickten alle auf das Messer. „Wir könnten es gut gebrauchen, um die Fische auszunehmen", sagte Kaleb „Kaufen können wir uns so ein wertvolles Gerät nie im Leben."

„Überlasst es lieber dem Wirt", riet Joses, „sicher haben die Römer ihm den Wein nicht bezahlt oder ihn jedenfalls übervorteilt!" Doch Salome hielt ihre Augen streng auf Abel gerichtet. „Ja, du kannst das Messer nicht zurückgeben, weil wir nicht wissen, wohin die Legionäre weitermarschiert sind. Vielleicht können wir herausfinden, wo ihre Abteilung stationiert ist. Dann könnten wir möglicherweise einen Weg finden, es dorthin zu bringen. Doch auf jeden Fall musst du für deinen Diebstahl um Vergebung bitten", sagte sie mit fester Stimme. „Und wir alle werden jetzt einen Psalm beten, der Gott um Gnade für unsere Schuld anruft. Dann werden wir weitersehen." –

„Barmherziger Gott, nimm hinweg meine Schuld; sei mir gnädig nach deiner großen Güte", stimmte Rahel leise an.

Der Vorfall mit dem Messer hatte die Geschwister verstört. Auch wenn sie Abels unbedachte Tat verstehen konnten, lastete sie eine Zeitlang auf ihren Herzen. Trotzdem machte Joses sein Vorhaben wahr, die Witwe mit ihren Kindern aus Magdala in sein Haus zu holen. Schnell hatte sie die Rolle einer Hausfrau eingenommen. Ihre beiden Kinder waren zunächst scheu, wagten sich aber nach und nach an den Rand der Werkstatt, um Joses und Abel bei ihrer Arbeit mit dem Leder und den interessanten Werkzeugen zuzusehen.

Bald führte Joses seine kleine Familie in den Kreis der Geschwister und bat: „Bittet mit uns um Gottes Segen für unser neues Leben miteinander. Wenn er nicht unser Haus erbaut, mühen wir uns umsonst." Alle erhoben die Hände. Dann brachte Jakoba die Kinder zu ihren Enkeln, die auf der Straße in einem lustigen Kreistanz herum hüpften.

Levi war inzwischen als Schreiber erfolgreich tätig, verfasste Briefe und wurde in Häuser gerufen, um Eheverträge und Testamente aufzusetzen. Wer ihn in einer Rechtsangelegenheit um Rat fragte, dem erteilte er freundlich Auskunft. Jakobas Enkelkinder hatten entdeckt, dass er sich auch für sie gern Zeit nahm. Sie schleppten aus der Bootswerkstatt Holzabfälle herbei, und er schnitzte ihnen kleine Tiere und einen Kahn, der diese aufnehmen konnte. Als an einem Sabbat alle Kinder damit am Seeufer begeistert die Geschichte von Noah und seiner Arche spielten, lachte Levi am Vergnügtesten. Danach sprach Jakoba ihn eines Tages an: „Bist du zufrieden, so allein in unserem Kreis zu leben? Oder sehnst du dich eigentlich nach einer eigenen Familie?“ Levi blickte zu Boden. Dann gestand er: „Ich habe schon lange Dina gern. Ich würde sie am liebsten fragen, ob wir nicht zusammenleben könnten. Aber sie scheint sich so wohl zu fühlen bei Hanna und Joana, dass ich es bisher nicht wagte.“ Nun wurde Jakoba verlegen: „Ihre Vergangenheit stört dich nicht?“, erkundigte sie sich vorsichtig. „Nein, als wir zu Jesus fanden, legten wir unser altes Leben ab. Wir sind wie neugeborene Gotteskinder. Sie hat ja auch die Schenke verlassen, sobald sie konnte.“ – „Dann musst du wohl all deinen Mut zusammennehmen und mit Dina sprechen“, riet Jakoba.

Das geschah offenbar alsbald. Denn in einer der nächsten Gemeindeversammlungen verkündete Levi glücklich: „Dina und ich werden zusammen leben. Sobald wir wissen, wo wir wohnen können, bitten wir gemeinsam mit euch Gott um seinen Segen.“ Rifka wiegte ihren Kopf: „Wie lange werde ich meine Hütte noch brauchen? Allerdings lebt ja auch ihr darin, Salome und Tamar.“ – „Ich kann zu Hanna umziehen“, rief Salome sofort; „und Tamar möchte sowieso wieder zu ihrer Familie.“ – „Und du bleibst natürlich bei uns!“ Dina nahm Rifka spontan in die Arme. „Du bist für mich wie eine Mutter. Bloß, wo der Webstuhl am besten steht, müssen wir noch entscheiden.“ –

„Tamar, darf ich dich begleiten?“, erkundigte sich Eli. „Allein kannst du nicht unterwegs sein. Außerdem möchte ich gern herausfinden, ob sich die Gute Nachricht von der Auferweckung Jesu auch in anderen Dörfern in Galiläa ausgebreitet hat. Was mag aus seinen Verwandten in Nazaret und Kana geworden sein? Wie denken die inzwischen über ihren Bruder und Vetter?" – „Dann feiern wir also bald eine Hochzeit und verabschieden euch Reisende", fasste Hanna die getroffenen Entscheidungen zusammen. „Da müssen wir ja für ein Festmahl zusammenlegen! Vielleicht können wir uns sogar wieder einmal ein wenig Wein leisten. Wie oft hat Jesus erzählt: ‚Wenn Gottes Reich anbricht, wird es ein Fest, als ob ein König Hochzeit feiert! Alle haben ihre schönsten Kleider an und können sich satt essen!'" – „Bis zur Lese in unserem Weinberg dauert es leider noch ein wenig", bedauerte Joana. „Außerdem muss ich noch jemanden finden, der mir die Trauben keltert. Und der Wein braucht Zeit zum Reifen." – „Der Wirt verkauft uns gewiss ein paar Krüge, wenn es soweit ist", beendete Levi die Pläne.

In den nächsten Wochen bauten die Männer Rifkas Schuppen zu einem ordentlichen Wohnraum aus, in den die alte Frau mit ihren Kräutern und Salben und wenigen eigenen Habseligkeiten umsiedelte. Die Schafe fanden in einem Verschlag Platz, denn die Frauen hofften, sie nach und nach zu einer kleinen Herde vermehren zu können.

Tamar und Eli bereiteten ihre Abreise vor. Dina und Levi nutzten freie Minuten, um sich am See zu treffen. Salome hatte ihre Schlafmatte und ein kleines Kleiderbündel schon in Simons Gehöft gebracht. Da sie nun wieder näher bei Jakoba wohnte, suchte sie die Freundin ab und zu auf. „Geht es Joana und dir gut in eurer Frauengemeinschaft mit Hanna und ohne eigene Familien", erkundigte die sich eines Tages. „Oh ja, wir möchten gewiss nicht anders leben. Wir sind frei für Veränderungen, so wie ich jetzt für diesen Umzug. Ich verrate dir ein Geheimnis: Levi wird Dina einen eigenen Handwebrahmen als Mitgift schenken. Dann bleibt der große Webstuhl in Hannas Haus. Ich werde junge Mädchen einladen, bei mir Weben zu lernen. In den Arbeitspausen kann ich dann von Jesus erzählen. Wenn Rifka Kranke besucht, wird auch sie immer wieder nach den Heilungen gefragt, die er vollbracht hat. Ja, jetzt sind wir es, die den Samen der Botschaft von Gottes Güte ausstreuen, auch wir Frauen!“ Jakoba nickte zustimmend. „Bei meiner Tochter und mir treffen sich an einem Nachmittag in der Woche die Kinder unserer Familie und von Verwandten und Nachbarn. Oft bringen sie Spielkameraden mit. Erst erzählen sie uns die Geschichten aus den Schriften, die sie in der Synagoge gehört haben. Dann ziehen wir Vergleiche mit dem, was wir mit Jesus erlebt haben. So kann auch Jairus es gutheißen. Manchmal steckt sogar Zebedäus den Kopf durch die Tür. Er hat Jesus endlich verziehen, dass er ihm die Söhne abspenstig gemacht hat. Vor allem, seit der älteste Enkel sich für den Fischfang begeistert und der Nachfolger seiner Onkel werden möchte. Doch wenn Jesus inzwischen kommt, um diese Weltzeit zu vollenden, dann wird er uns auch dafür bereit finden.“

Endlich nahte der Tag des Festes, das sie schon im Hof von Rifkas hergerichtetem Haus begingen. Für Dina hatte Joana ein schlichtes Kleid aus einem alten Stück Leinen genäht. Auf niedrigen Tischen luden gebratene Fische, Gemüse und frisches Brot zum Zulangen ein. Sichtlich bewegt füllte Levi seinen Becher mit Wein und trank der fröhlichen Gesellschaft zu. Dann ergriff Rahel eine Handtrommel und alle Frauen erhoben ihre Stimmen: „Stark wie der Tod ist die Liebe; wie Feuer brennt die Leidenschaft“, erklang das uralte Hochzeitslied.